大方廣佛華嚴經 讀誦

51

🪷 일러두기

1. 『독송본 한문·한글역 대방광불화엄경』은 실차난타가 한역(695~699)한 80권 『대방광불화엄경』의 한문 원문과 한글역을 함께 수록한 것이다. 한문에는 음사와 현토를 부기하였다.

2. 원문의 저본은 고종 2년(1865) 월정사에서 인경한 고려대장경 『대방광불화엄경』에 한암 스님이 현토(1949년)한 것을 범룡 스님이 영인 출판(1990년)한 『대방광불화엄경』이다.

3. 한문은 저본에서 누락되었거나 글자가 다르다고 판단된 부분은 저본인 고려대장경 각권의 말미에 교감되어 있는 내용을 중심으로 하고 봉은사판 『대방광불화엄경수소연의초』와 신수대장경 각주에서 밝힌 교감본을 참조하여 보입하고 수정하였다.

4. 한글 번역은 동국역경원에서 발간한 한글 『대방광불화엄경』(운허)을 중심으로 하고 『신화엄경합론』(탄허)과 『대방광불화엄경 강설』(여천무비) 그리고 최근의 여타 번역본 등을 참조하였다.

5. 저본의 원문에서 이체자의 경우 훈글이 제공하는 이체자는 그대로 살리고 훈글이 제공하지 않는 글자는 통용되는 정자로 바꾸었다. 예) 間 → 閒 / 焰 → 燄 / 宫 → 宮 / 偁 → 稱

6. 한글 번역은 독송과 사경을 위하여 정확성과 아울러 가독성을 고려하였다. 극존칭은 부처님과 불경계에 대해서만 사용하였다.

7. 독송본의 차례는 일러두기 → 본문 → 화엄경 목차 → 간행사의 순차이다.
   (법공양판에는 간행사 다음에 간행불사 동참자를 밝혀 두었다.)

8. 독송본의 한글역은 사경의 편의를 도모하기 위해 그 편집을 달리하여 『사경본 한글역 대방광불화엄경』으로 함께 간행한다. 독송본과 사경본 모두 80권 『대방광불화엄경』의 권별 목차 순으로 간행한다.

독송본 한문·한글역

대방광불화엄경 제51권
大方廣佛華嚴經 卷第五十一

37. 여래출현품 [2]
如來出現品 第三十七之二

실차난타 한역
수미해주 한글역

大方廣佛華嚴經第五十一卷變相 周

대방광불화엄경 제51권 변상도

대방광불화엄경
제51권

37. 여래출현품 [2]

如是我聞一時
提場中始成正
寶輪及眾寶華
海無邊顯現摩
眾寶羅網妙香
現自在雨無蓋
行列枝葉光茂
嚴於中影現其
瑠璃為幹眾雜
蔭如雲寶華雜
其果含輝發燄
明於光明中雨

대방광불화엄경 권제오십일
大方廣佛華嚴經　卷第五十一

여래출현품　제삼십칠지이
如來出現品　第三十七之二

불자　보살마하살　응운하지여래응정등
佛子야　菩薩摩訶薩이　應云何知如來應正等

각음성
覺音聲고

불자　보살마하살　응지여래음성　변지
佛子야　菩薩摩訶薩이　應知如來音聲이　徧至니

보변무량제음성고
普徧無量諸音聲故니라

대방광불화엄경 제51권

37. 여래출현품 [2]

"불자들이여, 보살마하살이 마땅히 어떻게 여래 응정등각의 음성을 알아야 하는가?

불자들이여, 보살마하살은 여래의 음성이 두루 이르는 줄을 마땅히 알아야 하니 한량없는 모든 음성에 널리 두루하는 까닭이다.

여래의 음성이 그 마음에 즐겨함을 따라 다

응지여래음성　수기심락　개령환희　설
應知如來音聲이 隨其心樂하야 皆令歡喜니 說

법명료고
法明了故니라

응지여래음성　수기신해　개령환희　심
應知如來音聲이 隨其信解하야 皆令歡喜니 心

득청량고
得淸涼故니라

응지여래음성　화불실시　소응문자　무불
應知如來音聲이 化不失時니 所應聞者가 無不

문고
聞故니라

응지여래음성　무생멸　여호향고　응지
應知如來音聲이 無生滅이니 如呼響故며 應知

여래음성　무주　수습일체업소기고
如來音聲이 無主니 修習一切業所起故니라

환희하게 함을 마땅히 알아야 하니 법을 설하심이 명료한 까닭이다.

여래의 음성이 그 믿고 이해함을 따라 모두 환희하게 함을 마땅히 알아야 하니 마음이 청량해지는 까닭이다.

여래의 음성이 교화함에 때를 놓치지 않음을 마땅히 알아야 하니 응당 들어야 할 자가 듣지 못함이 없는 바인 까닭이다.

여래의 음성이 생겨나고 사라짐이 없음을 마땅히 알아야 하니 메아리와 같은 까닭이며, 여래의 음성이 주체가 없음을 마땅히 알아야 하니 일체 업을 닦아 익혀서 일어나는 까닭이다.

응지여래음성　심심　　난가탁량고　응지
應知如來音聲이 **甚深**이니 **難可度量故**며 **應知**

여래음성　무사곡　　법계소생고
如來音聲이 **無邪曲**이니 **法界所生故**니라

응지여래음성　무단절　　보입법계고　　응
應知如來音聲이 **無斷絶**이니 **普入法界故**며 **應**

지여래음성　무변역　　지어구경고
知如來音聲이 **無變易**이니 **至於究竟故**니라

불자　보살마하살　응지여래음성　비량비
佛子야 **菩薩摩訶薩**이 **應知如來音聲**이 **非量非**

무량　비주비무주　비시비무시
無量이며 **非主非無主**며 **非示非無示**니라

하이고
何以故오

여래의 음성이 매우 깊음을 마땅히 알아야 하니 헤아리기 어려운 까닭이며, 여래의 음성이 삿되고 굽음이 없음을 마땅히 알아야 하니 법계에서 나는 까닭이다.

여래의 음성이 끊어짐이 없음을 마땅히 알아야 하니 법계에 널리 들어가는 까닭이며, 여래의 음성이 변하여 바뀜이 없음을 마땅히 알아야 하니 끝까지 이르는 까닭이다.

불자들이여, 보살마하살은 여래의 음성이 한량이 있지도 않고 한량이 없지도 않으며, 주재함이 있지도 않고 주재함이 없지도 않으며, 보

불자　비여세계　장욕괴시　무주무작
佛子야 **譬如世界**가 **將欲壞時**에 **無主無作**호대

법이이출사종음성
法爾而出四種音聲하나니라

기사자　하
其四者는 **何**오

일왈여등　당지　초선안락　이제욕악
一曰汝等은 **當知**하라 **初禪安樂**이 **離諸欲惡**하야

초과욕계　중생　문이　자연이득성취
超過欲界라하면 **衆生**이 **聞已**에 **自然而得成就**

초선　사욕계신　생어범천
初禪하야 **捨欲界身**하고 **生於梵天**하니라

이왈여등　당지　이선안락　무각무관
二曰汝等은 **當知**하라 **二禪安樂**이 **無覺無觀**하야

초어범천　중생　문이　자연이득성취
超於梵天이라하면 **衆生**이 **聞已**에 **自然而得成就**

여줌이 있지도 않고 보여줌이 없지도 않음을 마땅히 알아야 한다.

무슨 까닭인가?

불자들이여, 비유하면 세계가 장차 무너지려 할 때에 주재함도 없고 지음도 없지만 법이 그러하여 네 가지 음성을 낸다.

그 네 가지는 무엇인가?

하나는 '그대들은 마땅히 알라. 초선은 안락하여 모든 나쁜 욕심을 여의어 욕심세계를 초월하였다'라고 하면, 중생들이 듣고는 자연히 초선을 성취하여 욕심세계의 몸을 버리고 범천에 나는 것이다.

이선   사범천신   생광음천
二禪하야 捨梵天身하고 生光音天하나라

삼왈여등   당지   삼선안락   무유과실
三曰汝等은 當知하라 三禪安樂이 無有過失하야

초광음천   중생   문이   자연이득성취
超光音天이라하면 衆生이 聞已에 自然而得成就

삼선   사광음신   생변정천
三禪하야 捨光音身하고 生徧淨天하나라

사왈여등   당지   사선적정   초변정천
四曰汝等은 當知하라 四禪寂靜이 超徧淨天이라하면

중생   문이   자연이득성취사선   사변정
衆生이 聞已에 自然而得成就四禪하야 捨徧淨

신   생광과천
身하고 生廣果天이니라

시위사
是爲四니라

둘은 '그대들은 마땅히 알라. 이선은 안락하여 거친 생각도 없고 미세한 생각도 없어서 범천을 초월하였다'라고 하면, 중생들이 듣고는 자연히 이선을 성취하여 범천의 몸을 버리고 광음천에 나는 것이다.

셋은 '그대들은 마땅히 알라. 삼선은 안락하여 허물이 없어 광음천을 초월하였다'라고 하면, 중생들이 듣고는 자연히 삼선을 성취하여 광음천의 몸을 버리고 변정천에 나는 것이다.

넷은 '그대들은 마땅히 알라. 사선은 적정하여 변정천을 초월하였다'라고 하면, 중생들이 듣고는 자연히 사선을 성취하여 변정천의 몸

불자　차제음성　무주무작　　단종중생
佛子야 此諸音聲이 無主無作이로대 但從衆生의

제선업력지소출생
諸善業力之所出生인달하니라

불자　여래음성　역부여시　　무주무작
佛子야 如來音聲도 亦復如是하야 無主無作하며

무유분별　　비입비출　　단종여래공덕법
無有分別하며 非入非出이로대 但從如來功德法

력　　출어사종광대음성
力하야 出於四種廣大音聲하나니라

기사자　하
其四者는 何오

일왈여등　당지　　일체제행　개실시고
一曰汝等은 當知하라 一切諸行이 皆悉是苦니

소위지옥고　축생고　아귀고　무복덕고
所謂地獄苦와 畜生苦와 餓鬼苦와 無福德苦와

을 버리고 광과천에 나는 것이다.

이것이 넷이다.

불자들이여, 이 모든 음성은 주재함도 없고 지음도 없지만, 다만 중생들의 모든 착한 업의 힘으로 생겨난다.

불자들이여, 여래의 음성도 또한 이와 같아서 주재함도 없고 지음도 없으며, 분별도 없으며, 들어감도 아니고 나옴도 아니지만, 다만 여래의 공덕과 법의 힘으로부터 네 가지 광대한 음성을 낸다.

그 넷은 무엇인가?

하나는 '그대들은 마땅히 알라. 일체 모든 행

착아아소고　　작제악행고　　욕생인천　　당
著我我所苦와 作諸惡行苦라 欲生人天인댄 當

종선근　　　생인천중　　　이제난처　　　중생
種善根이니 生人天中에 離諸難處라하면 衆生이

문이　　사리전도　　　수제선행　　　이제난처
聞已에 捨離顚倒하고 修諸善行하야 離諸難處하야

생인천중
生人天中하니라

이왈여등　　당지　　　일체제행　　중고치연
二曰汝等은 當知하라 一切諸行이 衆苦熾然하야

여열철환　　　제행　　무상　　시마멸법　　열
如熱鐵丸하니 諸行이 無常이라 是磨滅法이요 涅

반적정　　　무위안락　　　원리치연　　　소제열
槃寂靜이 無爲安樂하야 遠離熾然하야 消諸熱

뇌　　　중생　　문이　　근수선법　　　어성문승
惱라하면 衆生이 聞已에 勤修善法하야 於聲聞乘에

이 모두 다 괴로움이다. 이른바 지옥의 괴로움과, 축생의 괴로움과, 아귀의 괴로움과, 복덕이 없는 괴로움과, '나'와 '나의 것'에 집착하는 괴로움과, 모든 악행을 짓는 괴로움이다. 인간이나 천상에 태어나려고 하면 마땅히 선근을 심고, 인간이나 천상에 태어나서 모든 어려운 곳을 여의어야 한다'라고 하면, 중생들이 듣고는 뒤바뀜을 버려 여의고 모든 착한 행을 닦아 모든 어려운 곳을 떠나서 인간이나 천상에 태어난다.

둘은 '그대들은 마땅히 알라. 일체 모든 행은 온갖 괴로움이 치성하여 뜨거운 철환과 같다.

득수순음성인
得隨順音聲忍하나라

삼왈여등   당지   성문승자   수타어해
三曰汝等은 當知하라 聲聞乘者는 隨他語解하야

지혜협열   갱유상승   명독각승   오
智慧狹劣이어니와 更有上乘하니 名獨覺乘이라 悟

불유사   여등   응학낙승도자   문차음
不由師니 汝等은 應學樂勝道者라하거든 聞此音

이   사성문도   수독각승
已에 捨聲聞道하고 修獨覺乘하나라

사왈여등   당지   과이승위   갱유승도
四曰汝等은 當知하라 過二乘位하야 更有勝道하니

명위대승보살소행   순육바라밀   부단
名爲大乘菩薩所行이라 順六波羅蜜하야 不斷

보살행   불사보리심   처무량생사   이
菩薩行하고 不捨菩提心하야 處無量生死호대 而

모든 행은 무상하여 없어지는 법이며, 열반은 적정하고 함이 없이 안락하여 치성한 괴로움을 멀리 여의고 모든 뜨거운 번뇌를 소멸한다'라고 하면, 중생들이 듣고는 착한 법을 부지런히 닦아 성문승에서 음성을 따르는 법인을 얻는다.

셋은 '그대들은 마땅히 알라. 성문승은 남의 말을 따라서 이해하여 지혜가 좁고 하열하다. 다시 더 높은 법이 있으니 이름이 독각승이라 스승을 말미암지 않고 깨달으니, 그대들은 마땅히 수승한 도를 즐겨함을 배워야 한다'라고 하면, 이 음성을 듣고는 성문의 도를 버리고 독각승을 닦는다.

불피염
不疲厭하니라

과어이승　　　명위대승　　　제일승　　　승승
過於二乘일새　名爲大乘이며　第一乘이며　勝乘이며

최승승　　　상승　　　무상승　　　이익일체중생
最勝乘이며　上乘이며　無上乘이며　利益一切衆生

승
乘이라하니라

약유중생　　　신해광대　　　제근맹리　　　숙종
若有衆生이　信解廣大하고　諸根猛利하야　宿種

선근　　　위제여래신력소가　　　유승낙욕
善根하야　爲諸如來神力所加면　有勝樂欲하야

희구불과　　　문차음이　　　발보리심
希求佛果일새　聞此音已에　發菩提心이니라

불자　　여래음성　　　부종신출　　　부종심출
佛子야　如來音聲이　不從身出이며　不從心出이로대

넷은 '그대들은 마땅히 알라. 이승의 지위를 지나서 다시 수승한 길이 있으니 이름이 '대승보살이 행하는 것'이다. 육바라밀을 따르며, 보살행을 끊지 않고 보리심을 버리지 않으며, 한량없는 나고 죽음에 있으면서도 피로해하거나 싫어하지 않는다.

이승을 초과하여 이름이 '대승'이며, '제일승'이며, '수승한 승'이며, '가장 수승한 승'이며, '높은 승'이며, '위없는 승'이며, '일체 중생을 이익하게 하는 승'이다.

만약 어떤 중생이 신심과 이해가 광대하고 모든 근이 용맹하고 예리하며 숙세에 선근을

이 능 이 익 무 량 중 생
而能利益無量衆生이니라

불자   시 위 여 래 음 성 제 일 상   제 보 살 마 하
佛子야 是爲如來音聲第一相이니 諸菩薩摩訶

살   응 여 시 지
薩이 應如是知니라

부 차 불 자   비 여 호 향   인 어 산 곡   급 음 성
復次佛子야 譬如呼響이 因於山谷과 及音聲

기   무 유 형 상   불 가 도 견   역 무 분 별
起라 無有形狀하야 不可覩見이며 亦無分別이로대

이 능 수 축 일 체 어 언
而能隨逐一切語言인달하니라

여 래 음 성   역 부 여 시   무 유 형 상   불 가
如來音聲도 亦復如是하사 無有形狀하야 不可

심어서 모든 여래의 위신력으로 가피한 바가 되면, 가장 수승한 욕락이 있어 부처님의 과위를 희구하리라'라고 하면, 이 음성을 듣고는 보리심을 낸다.

불자들이여, 여래의 음성은 몸에서 나오지도 않고, 마음에서 나오지도 않지만 한량없는 중생들을 능히 이익하게 한다.

불자들이여, 이것이 여래 음성의 첫째 모양이니, 모든 보살마하살들은 마땅히 이와 같이 알아야 한다.

다시 또 불자들이여, 비유하면 메아리는 산

도견　　비유방소　　비무방소　　단수중생
觀見이라 非有方所며 非無方所로대 但隨衆生의

욕해연출　　기성　구경　무언무시　　불가
欲解緣出이라 其性이 究竟에 無言無示하야 不可

선설
宣說이니라

불자　시위여래음성제이상　　제보살마하
佛子야 是爲如來音聲第二相이니 諸菩薩摩訶

살　응여시지
薩이 應如是知니라

부차불자　비여제천　유대법고　　명위각
復次佛子야 譬如諸天에 有大法鼓하니 名爲覺

오
悟라

골짜기와 음성을 인하여 일어남이라, 형상이 없어 볼 수도 없고 또한 분별도 없지만 일체 말을 능히 따른다.

여래의 음성도 또한 이와 같아서 형상이 없어 볼 수 없으며, 방소가 있지도 않고 방소가 없지도 않지만, 다만 중생들의 욕망과 이해의 인연을 따라 날 뿐이라, 그 성품은 끝까지 말함도 없고 보임도 없어 설명할 수 없다.

불자들이여, 이것이 여래 음성의 둘째 모양이니, 모든 보살마하살들은 마땅히 이와 같이 알아야 한다.

약제천자　행방일시　어허공중　출성고언
若諸天子가 行放逸時엔 於虛空中에 出聲告言호대

여등　당지　일체욕락　개실무상　허
汝等은 當知하라 一切欲樂이 皆悉無常하며 虛

망전도　수유변괴　단광우부　영기연
妄顚倒하야 須臾變壞라 但誑愚夫하야 令其戀

착　여막방일
著이니 汝莫放逸하라

약방일자　타제악취　후회무급　방
若放逸者는 墮諸惡趣하야 後悔無及이라하면 放

일제천　문차음이　생대우포　사자궁중
逸諸天이 聞此音已에 生大憂怖하야 捨自宮中의

소유욕락　예천왕소　구법행도
所有欲樂하고 詣天王所하야 求法行道하나니라

불자　피천고음　무주무작　무기무멸
佛子야 彼天鼓音이 無主無作하며 無起無滅호대

다시 또 불자들이여, 비유하면 모든 하늘에 큰 법의 북이 있으니 이름이 '깨우침'이다.

만약 모든 천자들이 방일을 행할 때에는 허공에서 소리를 내어 말하기를 '그대들은 마땅히 알라. 일체 욕락은 모두 다 무상하고 허망하고 뒤바뀌어 잠깐 동안에 변하여 무너지는 것이다. 다만 어리석은 사람을 속여서 그로 하여금 그리워하고 애착하게 하는 것이니, 그대들은 방일하지 말라.

만약 방일하면 모든 나쁜 길에 떨어져 후회하여도 어찌할 수가 없으리라'라고 하면, 방일하던 모든 천자들이 이 소리를 듣고는 크게

이능이익무량중생
而能利益無量衆生인달하니라

당지여래　역부여시　위욕각오방일중생
當知如來도 亦復如是하사 爲欲覺悟放逸衆生하야

출어무량묘법음성
出於無量妙法音聲하나니라

소위무착성　불방일성　무상성　고성　무
所謂無著聲과 不放逸聲과 無常聲과 苦聲과 無

아성　부정성　적멸성　열반성　무유량자
我聲과 不淨聲과 寂滅聲과 涅槃聲과 無有量自

연지성　불가괴보살행성　지일체처여래
然智聲과 不可壞菩薩行聲과 至一切處如來

무공용지지성
無功用智地聲이라

이차음성　변법계중　이개오지　무수
以此音聲으로 徧法界中하야 而開悟之어든 無數

근심하고 두려워하여 자신의 궁전 안에 있던 욕락을 버리고 천왕의 처소에 나아가 법을 구하고 도를 행한다.

불자들이여, 저 하늘 북 소리가 주재함도 없고 지음도 없으며 일어남도 없고 사라짐도 없지만, 한량없는 중생들을 능히 이익하게 한다.

마땅히 알라. 여래도 또한 이와 같아서 방일한 중생을 깨우치려고 한량없는 미묘한 법의 음성을 내신다.

이른바 집착할 것이 없다는 음성과, 방일하지 말라는 음성과, 무상하다는 음성과, 괴로움이라는 음성과, '나'가 없다는 음성과, 깨끗

중생 문시음이 개생환희 근수선법
衆生이 聞是音已하고 皆生歡喜하야 勤修善法하야

각어자승 이구출리
各於自乘에 而求出離하나니라

소위혹수성문승 혹수독각승 혹습보
所謂或修聲聞乘하며 或修獨覺乘하며 或習菩

살무상대승 이여래음 부주방소 무
薩無上大乘호대 而如來音은 不住方所하며 無

유언설
有言說이니라

불자 시위여래음성제삼상 제보살마하
佛子야 是爲如來音聲第三相이니 諸菩薩摩訶

살 응여시지
薩이 應如是知니라

하지 아니하다는 음성과, 적멸의 음성과, 열반의 음성과, 한량없는 자연지의 음성과, 무너뜨릴 수 없는 보살행의 음성과, 일체 처에 이르는 여래의 공용 없는 지혜 지위의 음성이다.

이 음성으로 법계에 두루하여 그들을 깨우치시면, 수없는 중생들이 이 음성을 듣고는 다 환희하며, 착한 법을 부지런히 닦아서 각각 자기의 승에서 벗어남을 구한다.

이른바 혹은 성문승을 닦으며, 혹은 독각승을 닦으며, 혹은 보살의 위없는 대승을 익히되, 여래의 음성은 방소에 머무르지 아니하며 말이 없다.

부차불자　비여자재천왕　유천채녀　　명
復次佛子야 譬如自在天王이 有天采女하니 名

왈선구　어기구중　출일음성　　기성　즉
曰善口라 於其口中에 出一音聲하면 其聲이 則

여백천종악　　이공상응　　일일악중　　부
與百千種樂으로 而共相應하야 一一樂中에 復

유백천차별음성
有百千差別音聲하나니라

불자　피선구녀　종구일성　　출어여시무
佛子야 彼善口女가 從口一聲으로 出於如是無

량음성　　당지여래　역부여시　　어일
量音聲인달하야 當知如來도 亦復如是하사 於一

음중　출무량성　　수제중생　심락차별
音中에 出無量聲하야 隨諸衆生의 心樂差別하사

개실변지　　실령득해
皆悉徧至하야 悉令得解니라

불자들이여, 이것이 여래 음성의 셋째 모양이니, 모든 보살마하살들은 마땅히 이와 같이 알아야 한다.

다시 또 불자들이여, 비유하면 자재천왕에게 하늘 채녀가 있으니 이름이 '선구'이다. 그 입에서 한 음성을 내면 그 음성이 곧 백천 가지 음악과 함께 서로 응하며, 낱낱 음악 가운데 다시 백천 가지 차별한 음성이 있다.

불자들이여, 그 '선구' 천녀가 입에서 한 음성으로 이와 같이 한량없는 음성을 내듯이, 마땅히 알라, 여래도 또한 이와 같아서 한 음

불자   시위여래음성제사상   제보살마하
佛子야 是爲如來音聲第四相이니 諸菩薩摩訶

살   응여시지
薩이 應如是知니라

부차불자   비여대범천왕   주어범궁   출
復次佛子야 譬如大梵天王이 住於梵宮하야 出

범음성   일체범중   미불개문   이피음성
梵音聲에 一切梵衆이 靡不皆聞호대 而彼音聲이

불출중외   제범천중   함생시념   대범
不出衆外어든 諸梵天衆이 咸生是念호대 大梵

천왕   독여아어
天王이 獨與我語인달하니라

여래묘음   역부여시   도량중회   미불개
如來妙音도 亦復如是하사 道場衆會가 靡不皆

성 가운데서 한량없는 음성을 내어 모든 중생들의 마음에 즐겨하는 차별을 따라 모두 다 두루 이르러서 다 지해를 얻게 하신다.

불자들이여, 이것이 여래 음성의 넷째 모양이니, 모든 보살마하살들은 마땅히 이와 같이 알아야 한다.

다시 또 불자들이여, 비유하면 대범천왕이 범천의 궁에 머무르면서 범천의 음성을 냄에, 일체 범천의 대중들이 모두 듣지 못함이 없으며, 그 음성이 대중 밖으로 나가지도 않는데, 모든 범천 대중들이 다 이 생각을 하기를 '대범

문   이기음성   불출중외
聞호대 而其音聲이 不出衆外니라

하이고   근미숙자   불응문고   기문음자
何以故오 根未熟者는 不應聞故로 其聞音者는

개작시념   여래세존   독위아설
皆作是念호대 如來世尊이 獨爲我說이라하나니라

불자   여래음성   무출무주   이능성취일
佛子야 如來音聲이 無出無住로대 而能成就一

체사업
切事業이니라

시위여래음성제오상   제보살마하살   응
是爲如來音聲第五相이니 諸菩薩摩訶薩이 應

여시지
如是知니라

천왕이 홀로 나에게만 말씀한다'라고 한다.

여래의 미묘한 음성도 또한 이와 같아서 도량에 모인 대중들이 다 듣지 못함이 없으며 그 음성이 대중 밖으로 나가지도 않는다.

무슨 까닭인가? 근기가 성숙하지 못한 자는 마땅히 듣지 못하는 까닭으로, 그 소리를 듣는 자는 모두 이 생각을 하기를 '여래 세존께서 홀로 나만을 위하여 설하신다'라고 한다.

불자들이여, 여래의 음성은 나옴도 없고 머무름도 없지만, 일체 사업을 능히 성취한다.

이것이 여래 음성의 다섯째 모양이니, 모든 보살마하살들은 마땅히 이와 같이 알아야 한다.

부차불자　비여중수　개동일미　수기이고
復次佛子야 譬如衆水가 皆同一味니 隨器異故로

수유차별　　수무염려　　역무분별　　　여
水有差別이나 水無念慮하며 亦無分別인달하야 如

래언음　역부여시　　유시일미　위해탈미
來言音도 亦復如是하야 唯是一味니 謂解脫味라

수제중생　심기이고　무량차별　　이무염
隨諸衆生의 心器異故로 無量差別이나 而無念

려　　역무분별
慮하며 亦無分別이니라

불자　시위여래음성제육상　　제보살마하
佛子야 是爲如來音聲第六相이니 諸菩薩摩訶

살　응여시지
薩이 應如是知니라

다시 또 불자들이여, 비유하면 온갖 물이 다 같은 한맛이니 그릇이 다름을 따르는 까닭으로 물에 차별이 있으나 물은 생각도 없고 또한 분별도 없듯이, 여래의 음성도 또한 이와 같아서 오직 한맛이니 이른바 해탈의 맛이라 모든 중생들의 마음 그릇이 다름을 따르는 까닭으로 한량없이 다르지만 생각도 없고 또한 분별도 없다.

불자들이여, 이것이 여래 음성의 여섯째 모양이니, 모든 보살마하살들은 마땅히 이와 같이 알아야 한다.

부차불자　　비여아나바달다용왕　　홍대밀
復次佛子야 譬如阿那婆達多龍王이 興大密

운　　　　변염부제　　　　보주감우　　백곡묘가
雲하야 徧閻浮提하야 普霑甘雨에 百穀苗稼가

개득생장　　　강하천지　　일체영만　　　차대
皆得生長하며 江河泉池가 一切盈滿이니 此大

우수　　부종용왕　　신심중출　　　　이능종종
雨水가 不從龍王의 身心中出이로대 而能種種

요익중생
饒益衆生인달하니라

불자　　여래응정등각　　역부여시　　　홍대비
佛子야 如來應正等覺도 亦復如是하사 興大悲

운　　　　변시방계　　　보우무상감로법우　　　영
雲하야 徧十方界하야 普雨無上甘露法雨하사 令

일체중생　　　개생환희　　　증장선법　　　만족
一切衆生으로 皆生歡喜하야 增長善法하며 滿足

다시 또 불자들이여, 비유하면 아나바달다용왕이 크고 두터운 구름을 일으켜 염부제를 두루 덮고 단비를 널리 내림에 백 가지 곡식의 싹이 다 나서 자라고, 강과 내와 샘과 연못이 일체가 가득차니, 이 큰 빗물은 용왕의 몸과 마음으로부터 나온 것은 아니지만 능히 갖가지로 중생들을 요익하게 한다.

불자들이여, 여래 응정등각도 또한 이와 같아서 대비의 구름을 일으켜 시방세계에 두루하여 위없는 감로법의 비를 널리 내리어 일체 중생으로 하여금 다 환희하고 착한 법을 증장하며 모든 승을 만족하게 하신다.

제승
諸乘하나니라

불자 여래음성 부종외래 부종내출
佛子야 如來音聲이 不從外來며 不從內出이로대

이능요익일체중생
而能饒益一切衆生이니라

시위여래음성제칠상 제보살마하살 응
是爲如來音聲第七相이니 諸菩薩摩訶薩이 應

여시지
如是知니라

부차불자 비여마나사용왕 장욕강우 미
復次佛子야 譬如摩那斯龍王이 將欲降雨에 未

변즉강 선기대운 미부허공 응정칠
便即降하고 先起大雲하야 彌覆虛空하야 凝停七

불자들이여, 여래의 음성은 밖으로부터 오는 것도 아니고 안으로부터 나오는 것도 아니지만 능히 일체 중생을 요익하게 한다.

이것이 여래 음성의 일곱째 모양이니, 모든 보살마하살들은 마땅히 이와 같이 알아야 한다.

다시 또 불자들이여, 비유하면 마나사용왕이 장차 비를 내리려 함에 곧바로 내리지 아니하고, 먼저 큰 구름을 일으켜 허공을 가득 덮고 칠일을 엉기어 머무르면서 모든 중생들이 하던 일을 마치도록 기다린다.

일　　대제중생　작무구경
日하야 待諸衆生의 作務究竟하나니라

하이고　피대용왕　유자비심　불욕뇌란
何以故오 彼大龍王이 有慈悲心하야 不欲惱亂

제중생고　과칠일이　강미세우　보윤대
諸衆生故로 過七日已에 降微細雨하야 普潤大

지
地인달하니라

불자　여래응정등각　역부여시　장강법
佛子야 如來應正等覺도 亦復如是하사 將降法

우　미변즉강　선흥법운　성숙중생
雨에 未便即降하고 先興法雲하야 成熟衆生하사

위욕령기심무경포　대기숙이연후　보강
爲欲令其心無驚怖하야 待其熟已然後에 普降

감로법우　연설심심미묘선법　점차영
甘露法雨하야 演說甚深微妙善法하사 漸次令

무슨 까닭인가? 그 큰 용왕이 자비한 마음이 있어 모든 중생들을 괴롭게 하지 않으려는 까닭으로 칠일을 지나고서 가는 비를 내려 대지를 널리 적신다.

불자들이여, 여래 응정등각도 또한 이와 같아서 장차 법의 비를 내리려 함에 곧바로 내리지 아니하시고, 먼저 법의 구름을 일으켜 중생들을 성숙하게 하신다. 그들로 하여금 마음에 놀라거나 두려움이 없게 하려고 그들이 성숙하기를 기다린 연후에 감로법의 비를 널리 내려 매우 깊고 미묘한 착한 법을 연설하여 점차 그들로 하여금 여래 일체지의 지혜인 위없

기만족여래일체지지무상법미
其滿足如來一切智智無上法味니라

불자 시위여래음성제팔상   제보살마하
佛子야 是爲如來音聲第八相이니 諸菩薩摩訶

살 응여시지
薩이 應如是知니라

부차불자 비여해중 유대용왕   명대장
復次佛子야 譬如海中에 有大龍王하니 名大莊

엄   어대해중강우지시   혹강십종장엄우
嚴이라 於大海中降雨之時에 或降十種莊嚴雨하며

혹백혹천   혹백천종장엄우
或百或千하며 或百千種莊嚴雨하나니라

불자 수무분별   단이용왕 부사의력
佛子야 水無分別호대 但以龍王의 不思議力으로

는 법의 맛을 만족하게 하신다.

불자들이여, 이것이 여래 음성의 여덟째 모양이니, 모든 보살마하살들은 마땅히 이와 같이 알아야 한다.

다시 또 불자들이여, 비유하면 바다 가운데 큰 용왕이 있으니 이름이 '대장엄'이라, 큰 바다 가운데서 비를 내릴 때에 혹은 열 가지의 장엄한 비를 내리고 혹은 백 가지, 혹은 천 가지, 혹은 백천 가지의 장엄한 비를 내린다.

불자들이여, 물은 분별이 없고 다만 용왕의 부사의한 힘으로써 그들로 하여금 장엄하게

영기장엄　　내지백천무량차별
令其莊嚴하야 乃至百千無量差別인달하니라

여래응정등각　　역부여시　　위제중생설법
如來應正等覺도 亦復如是하야 爲諸衆生說法

지시　　혹이십종차별음설　　혹백혹천
之時에 或以十種差別音說하며 或百或千하며

혹이백천　　혹이팔만사천음성　　설팔만
或以百千하며 或以八萬四千音聲으로 說八萬

사천행　　내지혹이무량백천억나유타음성
四千行하며 乃至或以無量百千億那由他音聲으로

각별설법　　영기문자　　개생환희
各別說法하사 令其聞者로 皆生歡喜하나니라

여래음성　　무소분별　　단이제불　　어심
如來音聲은 無所分別이로대 但以諸佛이 於甚

심법계　　원만청정　　능수중생근지소의
深法界에 圓滿淸淨하사 能隨衆生根之所宜하사

하며 내지 백천의 한량없는 차별이 있게 한다.

여래 응정등각도 또한 이와 같아서 모든 중생들을 위하여 법을 설할 때에 혹은 열 가지 차별한 음성으로 설하고, 혹은 백 가지, 혹은 천 가지, 혹은 백천 가지로, 혹은 팔만 사천 가지 음성으로 팔만 사천의 행을 설하며, 내지 혹은 한량없는 백천억 나유타 음성으로 각각 다르게 법을 설하시는데, 그 듣는 자로 하여금 다 환희하게 하신다.

여래의 음성은 분별하는 바가 없되 다만 모든 부처님께서 매우 깊은 법계를 원만하고 청정하게 하여 능히 중생들 근기의 마땅한 바를

출종종언음　　개령환희
出種種言音하야 皆令歡喜니라

불자　시위여래음성제구상　　제보살마하
佛子야 是爲如來音聲第九相이니 諸菩薩摩訶

살　응여시지
薩이 應如是知니라

부차불자　비여사갈라용왕　욕현용왕　대
復次佛子야 譬如娑竭羅龍王이 欲現龍王의 大

자재력　　요익중생　　함령환희　　종사천
自在力하야 饒益衆生하야 咸令歡喜하야 從四天

하　내지타화자재천처　홍대운망　　주잡
下로 乃至他化自在天處히 興大雲網하야 周帀

미부　　기운색상　무량차별
彌覆하니 其雲色相이 無量差別이라

따라서 갖가지 음성을 내어 다 환희하게 하신다.

불자들이여, 이것이 여래 음성의 아홉째 모양이니, 모든 보살마하살들은 마땅히 이와 같이 알아야 한다.

다시 또 불자들이여, 비유하면 사갈라용왕이 용왕의 크게 자재한 힘을 나타내어 중생들을 요익케 하여 다 환희하게 하고자, 사천하로부터 내지 타화자재천의 처소에 이르기까지 큰 구름 그물을 일으켜 두루 가득 덮으니 그 구름의 색상이 한량없이 차별하다.

혹염부단금광명색　　혹비유리광명색
或閻浮檀金光明色이며　或毗瑠璃光明色이며

혹백은광명색　　혹파려광명색　　혹모살
或白銀光明色이며　或玻瓈光明色이며　或牟薩

라광명색　　혹마노광명색　　혹승장광명
羅光明色이며　或碼碯光明色이며　或勝藏光明

색　　혹적진주광명색　　혹무량향광명색
色이며　或赤眞珠光明色이며　或無量香光明色이며

혹무구의광명색　　혹청정수광명색　　혹
或無垢衣光明色이며　或淸淨水光明色이며　或

종종장엄구광명색　　여시운망　　주잡미
種種莊嚴具光明色이니　如是雲網이　周帀彌

포
布하나라

기미포이　　출종종색전광
旣彌布已에　出種種色電光하나니라

혹은 염부단금 광명색이며, 혹은 비유리 광명색이며, 혹은 백은 광명색이며, 혹은 파려 광명색이며, 혹은 모살라 광명색이며, 혹은 마노 광명색이며, 혹은 승장 광명색이며, 혹은 적진주 광명색이며, 혹은 한량없는 향 광명색이며, 혹은 때 없는 옷 광명색이며, 혹은 청정한 물 광명색이며, 혹은 갖가지 장엄거리 광명색이다. 이와 같은 구름 그물을 두루 가득 펼쳤다.

이미 널리 두루 펼치고는 갖가지 빛의 번개를 낸다.

이른바 염부단금색 구름은 유리빛 번개를 내

소위염부단금색운　출유리색전광　　유리
所謂閻浮檀金色雲은 出瑠璃色電光하고 瑠璃

색운　출금색전광　　은색운　출파려색전
色雲은 出金色電光하고 銀色雲은 出玻瓈色電

광　　파려색운　출은색전광　　모살라색
光하고 玻瓈色雲은 出銀色電光하고 牟薩羅色

운　출마노색전광
雲은 出碼碯色電光하니라

마노색운　출모살라색전광　　승장보색운
碼碯色雲은 出牟薩羅色電光하고 勝藏寶色雲은

출적진주색전광　　적진주색운　출승장보
出赤眞珠色電光하고 赤眞珠色雲은 出勝藏寶

색전광　　무량향색운　출무구의색전광
色電光하고 無量香色雲은 出無垢衣色電光하고

무구의색운　출무량향색전광
無垢衣色雲은 出無量香色電光하니라

고, 유리색 구름은 금빛 번개를 내고, 은색 구름은 파려빛 번개를 내고, 파려색 구름은 은빛 번개를 내고, 모살라색 구름은 마노빛 번개를 낸다.

마노색 구름은 모살라빛 번개를 내고, 승장 보배색 구름은 적진주빛 번개를 내고, 적진 주색 구름은 승장 보배빛 번개를 내고, 한량 없는 향색 구름은 때 없는 옷빛 번개를 내고, 때 없는 옷색 구름은 한량없는 향빛 번개를 낸다.

청정한 물색 구름은 갖가지 장엄거리빛 번개를 내고, 갖가지 장엄거리색 구름은 청정한 물

청정수색운　　출종종장엄구색전광　　종종
淸淨水色雲은　出種種莊嚴具色電光하고　種種

장엄구색운　　출청정수색전광　　내지종종
莊嚴具色雲은　出淸淨水色電光하고　乃至種種

색운　　출일색전광　　일색운　　출종종색전
色雲은　出一色電光하고　一色雲은　出種種色電

광
光하니라

부어피운중　　출종종뇌성　　수중생심
復於彼雲中에　出種種雷聲하야　隨衆生心하야

개령환희
皆令歡喜하나니라

소위혹여천녀가영음　　혹여제천기악음
所謂或如天女歌詠音하며　或如諸天妓樂音하며

혹여용녀가영음　　혹여건달바녀가영음
或如龍女歌詠音하며　或如乾闥婆女歌詠音하며

빛 번개를 내고, 내지 갖가지 색의 구름은 한 빛의 번개를 내고, 한 색의 구름은 갖가지 빛의 번개를 낸다.

다시 저 구름 속에서 갖가지 우렛소리를 내어 중생 마음을 따라 다 환희하게 한다.

이른바 혹은 천녀의 노래 소리와 같으며, 혹은 모든 하늘의 기악 소리와 같으며, 혹은 용녀의 노래 소리와 같으며, 혹은 건달바녀의 노래 소리와 같으며, 혹은 긴나라녀의 노래 소리와 같다.

혹은 대지가 진동하는 소리와 같으며, 혹은 바닷물의 파도 소리와 같으며, 혹은 짐승 왕의

혹여긴나라녀가영음
或如緊那羅女歌詠音하니라

혹여대지진동성　　　혹여해수파조성　　　혹
或如大地震動聲하며　或如海水波潮聲하며　或

여수왕효후성　　　혹여호조명전성　　급여무
如獸王哮吼聲하며　或如好鳥鳴囀聲과　及餘無

량종종음성
量種種音聲이라

기진뇌이　부기량풍　　영제중생　　심생
旣震雷已에　復起涼風하야　令諸衆生으로　心生

열락　　연후내강종종제우　　이익안락무
悅樂하고　然後乃降種種諸雨하야　利益安樂無

량중생　종타화천　　지어지상　어일체
量衆生호대　從他化天으로　至於地上히　於一切

처　소우부동
處에　所雨不同하나니라

부르짖는 소리와 같으며, 혹은 아름다운 새의 지저귀는 소리와 그 외 한량없는 갖가지 소리와 같다.

이미 우렛소리가 진동하고는 다시 서늘한 바람을 일으켜 모든 중생들로 하여금 마음이 기쁘고 즐겁게 하며, 그런 뒤에 갖가지 모든 비를 내려 한량없는 중생들을 이익하고 안락하게 하는데, 타화천으로부터 지상에 이르기까지 일체 처에 비내리는 바가 같지 않다.

이른바 큰 바다에는 맑고 찬 물을 비내리니 이름이 '끊어짐이 없음'이고, 타화자재천에는 퉁소와 피리 등의 갖가지 음악 소리를 비내리

소위어대해중　　우청냉수　　　명무단절
所謂於大海中에 雨淸冷水하니 名無斷絶이요

어타화자재천　　우소적등종종악음　　　명위
於他化自在天에 雨簫笛等種種樂音하니 名爲

미묘　　어화락천　　우대마니보　　　명방대광
美妙요 於化樂天에 雨大摩尼寶하니 名放大光

명
明이요

어도솔천　　우대장엄구　　　명위수계　　어
於兜率天에 雨大莊嚴具하니 名爲垂髻요 於

야마천　　우대묘화　　　명종종장엄구　　어
夜摩天에 雨大妙華하니 名種種莊嚴具요 於

삼십삼천　　우중묘향　　　명위열의
三十三天에 雨衆妙香하니 名爲悅意요

어사천왕천　　우천보의　　　명위부개　　어용
於四天王天에 雨天寶衣하니 名爲覆蓋요 於龍

니 이름이 '미묘함'이고, 화락천에는 큰 마니 보배를 비내리니 이름이 '큰 광명을 놓음'이다.

도솔천에는 큰 장엄거리를 비내리니 이름이 '드리운 상투'이고, 야마천에는 크고 미묘한 꽃을 비내리니 이름이 '갖가지 장엄거리'이고, 삼십삼천에는 온갖 미묘한 향을 비내리니 이름이 '기쁜 뜻'이다.

사천왕천에는 하늘보배옷을 비내리니 이름이 '덮는 일산'이고, 용왕의 궁에는 적진주를 비내리니 이름이 '광명이 솟음'이고, 아수라궁에는 모든 병장기를 비내리니 이름이 '원수를 항복 받음'이다.

왕궁　　우적진주　　　명용출광명　　　어아수
王宮에　雨赤眞珠하니　名涌出光明이요　於阿脩

라궁　　우제병장　　　명항복원적
羅宮에　雨諸兵仗하니　名降伏怨敵이요

어북울단월　　우종종화　　　명왈개부　　여삼
於北鬱單越에　雨種種華하니　名曰開敷요　餘三

천하　　실역여시　　연　　　각수기처　　　소우
天下도　悉亦如是라　然이나　各隨其處하야　所雨

부동
不同하니라

수피용왕　　기심평등　　　무유피차　　단이중
雖彼龍王이　其心平等하야　無有彼此나　但以衆

생　　선근이고　　우유차별
生의　善根異故로　雨有差別인달하니라

불자　　여래응정등각무상법왕　　　역부여시
佛子야　如來應正等覺無上法王도　亦復如是하야

북울단월에는 갖가지 꽃을 비내리니 이름이 '활짝 핌'이고, 나머지 세 천하에도 모두 또한 이와 같다. 그러나 각각 그 처소를 따라서 비내리는 바가 같지 아니하다.

비록 저 용왕은 그 마음이 평등하여 피차가 없으나, 다만 중생들의 선근이 다른 까닭으로 비에 차별이 있다.

불자들이여, 여래 응정등각의 위없는 법왕도 또한 이와 같아서, 바른 법으로 중생들을 교화하시고자 먼저 몸 구름을 펴서 법계를 두루 덮되 그들의 욕락을 따라 나타내심이 같지 아니하다.

욕이정법　　　교화중생　　　선포신운　　　미부
欲以正法으로　教化衆生하사　先布身雲하야　彌覆

법계　　　수기낙욕　　　위현부동
法界호대　隨其樂欲하야　爲現不同이니라

소위혹위중생　　　현생신운　　　혹위중생
所謂或爲衆生하야　現生身雲하며　或爲衆生하야

현화신운　　　혹위중생　　　현역지신운　　　혹
現化身雲하며　或爲衆生하야　現力持身雲하며　或

위중생　　　현색신운　　　혹위중생　　　현상호
爲衆生하야　現色身雲하며　或爲衆生하야　現相好

신운
身雲하니라

혹위중생　　　현복덕신운　　　혹위중생　　　현
或爲衆生하야　現福德身雲하며　或爲衆生하야　現

지혜신운　　　혹위중생　　　현제력불가괴신
智慧身雲하며　或爲衆生하야　現諸力不可壞身

이른바 혹은 중생들을 위하여 중생 몸 구름을 나타내며, 혹은 중생들을 위하여 변화 몸 구름을 나타내며, 혹은 중생들을 위하여 힘을 지닌 몸 구름을 나타내며, 혹은 중생들을 위하여 형상 몸 구름을 나타내며, 혹은 중생들을 위하여 상호 몸 구름을 나타내신다.

혹은 중생들을 위하여 복덕 몸 구름을 나타내며, 혹은 중생들을 위하여 지혜 몸 구름을 나타내며, 혹은 중생들을 위하여 모든 힘 깨뜨릴 수 없는 몸 구름을 나타내며, 혹은 중생들을 위하여 두려움 없는 몸 구름을 나타내며, 혹은 중생들을 위하여 법계 몸 구름을 나

운   혹위중생   현무외신운   혹위중생
雲하며 或爲衆生하야 現無畏身雲하며 或爲衆生하야

현법계신운
現法界身雲이니라

불자   여래   이여시등무량신운   보부시
佛子야 如來가 以如是等無量身雲으로 普覆十

방일체세계   수제중생   소락각별   시
方一切世界하고 隨諸衆生의 所樂各別하사 示

현종종광명전광
現種種光明電光하나니라

소위혹위중생   현광명전광   명무소부
所謂或爲衆生하야 現光明電光하니 名無所不

지   혹위중생   현광명전광   명무변광
至요 或爲衆生하야 現光明電光하니 名無邊光

명   혹위중생   현광명전광   명입불비
明이요 或爲衆生하야 現光明電光하니 名入佛祕

타내신다.

불자들이여, 여래께서는 이와 같은 등 한량없는 몸 구름으로 시방의 일체 세계를 널리 덮고는, 모든 중생들의 즐겨하는 바가 각각 다름을 따라서 갖가지 광명의 번개를 나타내 보이신다.

이른바 혹은 중생들을 위하여 광명 번개를 나타내시니 이름이 '이르지 않는 곳이 없음'이고, 혹은 중생들을 위하여 광명 번개를 나타내시니 이름이 '가없는 광명'이고, 혹은 중생들을 위하여 광명 번개를 나타내시니 이름이 '부처님의 비밀한 법에 들어감'이고, 혹은 중

밀법　　혹위중생　　　현광명전광　　　명영현
密法이요 **或爲衆生**하야 **現光明電光**하니 **名影現**이요

광명　　혹위중생　　　현광명전광　　　명광명
光明이요 **或爲衆生**하야 **現光明電光**하니 **名光明**이요

조요
照耀요

혹위중생　　　현광명전광　　　명입무진다라
或爲衆生하야 **現光明電光**하니 **名入無盡陀羅**

니문　　혹위중생　　　현광명전광　　　명정념
尼門이요 **或爲衆生**하야 **現光明電光**하니 **名正念**이요

불란　　혹위중생　　　현광명전광　　　명구경
不亂이요 **或爲衆生**하야 **現光明電光**하니 **名究竟**이요

불괴　　혹위중생　　　현광명전광　　　명순입
不壞요 **或爲衆生**하야 **現光明電光**하니 **名順入**이요

제취　　혹위중생　　　현광명전광　　　명만일
諸趣요 **或爲衆生**하야 **現光明電光**하니 **名滿一**이요

생들을 위하여 광명 번개를 나타내시니 이름이 '그림자 나타내는 광명'이고, 혹은 중생들을 위하여 광명 번개를 나타내시니 이름이 '광명이 밝게 비춤'이다.

혹은 중생들을 위하여 광명 번개를 나타내시니 이름이 '다함없는 다라니 문에 들어감'이고, 혹은 중생들을 위하여 광명 번개를 나타내시니 이름이 '바른 생각으로 어지럽지 않음'이고, 혹은 중생들을 위하여 광명 번개를 나타내시니 이름이 '끝까지 무너지지 않음'이고, 혹은 중생들을 위하여 광명 번개를 나타내시니 이름이 '모든 갈래에 따라 들어감'이고, 혹은 중

체원　　개령환희
切願_{하야} 皆令歡喜_{니라}

불자　여래응정등각　　현여시등무량광명
佛子_야 如來應正等覺_이 現如是等無量光明

전광이　부수중생심지소락　　출생무량삼
電光已_에 復隨衆生心之所樂_{하사} 出生無量三

매뇌성
昧雷聲_{하나니라}

소위선각지삼매뇌성　　명성이구해삼매뇌
所謂善覺智三昧雷聲_과 明盛離垢海三昧雷

성　일체법자재삼매뇌성　　금강륜삼매뇌
聲_과 一切法自在三昧雷聲_과 金剛輪三昧雷

성　수미산당삼매뇌성
聲_과 須彌山幢三昧雷聲_{이니라}

해인삼매뇌성　일등삼매뇌성　무진장삼
海印三昧雷聲_과 日燈三昧雷聲_과 無盡藏三

생들을 위하여 광명 번개를 나타내시니 이름이 '일체 원을 만족하여 다 환희하게 함'이다.

불자들이여, 여래 응정등각께서 이와 같은 등 한량없는 광명 번개를 나타내시고는, 다시 중생들 마음에 즐겨하는 바를 따라서 한량없는 삼매의 천둥소리를 내신다.

이른바 잘 깨달은 지혜 삼매의 천둥소리와, 밝고 치성하게 때를 여읜 바다 삼매의 천둥소리와, 일체 법에 자재한 삼매의 천둥소리와, 금강 바퀴 삼매의 천둥소리와, 수미산 당기 삼매의 천둥소리이다.

해인 삼매의 천둥소리와, 태양 등불 삼매의

매뇌성　　불괴해탈력삼매뇌성
昧雷聲과 不壞解脫力三昧雷聲이니라

불자　　여래신운중　　출여시등무량차별삼
佛子야 如來身雲中에 出如是等無量差別三

매뇌성이　　　　장강법우　　선현서상　　　개오
昧雷聲已하시고 將降法雨에 先現瑞相하사 開悟

중생
衆生하나니라

소위종무장애대자비심　　현어여래대지풍
所謂從無障礙大慈悲心하야 現於如來大智風

륜　　　명능령일체중생　　생부사의환희적
輪하시니 名能令一切衆生으로 生不思議歡喜適

열
悅이니라

차상현이　　일체보살　　급제중생　　신지여심
此相現已에 一切菩薩과 及諸衆生의 身之與心이

천둥소리와, 무진장 삼매의 천둥소리와, 무너지지 않는 해탈 힘 삼매의 천둥소리이다.

불자들이여, 여래께서 몸 구름 속에서 이와 같은 등 한량없이 차별한 삼매의 천둥소리를 내시고는, 장차 법의 비를 내리려 함에 먼저 상서로운 모습을 나타내어 중생들을 깨우치신다.

이른바 장애가 없는 큰 자비심으로 여래의 큰 지혜 풍륜을 나타내시니 이름이 '능히 일체 중생으로 하여금 부사의한 환희와 기쁨을 내게 함'이다.

이 모습을 나타내시니 일체 보살과 그리고 모든 중생들의 몸과 마음이 다 청량함을 얻었

개득청량 연후 종여래대법신운 대
皆得淸涼이어든 然後에 從如來大法身雲과 大

자비운 대부사의운 우부사의광대법우
慈悲雲과 大不思議雲하야 雨不思議廣大法雨하사

영일체중생 신심청정
令一切衆生으로 身心淸淨하나니라

소위위좌보리장보살 우대법우 명법
所謂爲坐菩提場菩薩하사 雨大法雨하니 名法

계무차별 위최후신보살 우대법우
界無差別이요 爲最後身菩薩하사 雨大法雨하니

명보살유희여래비밀교 위일생소계보살
名菩薩遊戱如來祕密敎요 爲一生所繫菩薩하사

우대법우 명청정보광명 위관정보살
雨大法雨하니 名淸淨普光明이요 爲灌頂菩薩하사

우대법우 명여래장엄구소장엄
雨大法雨하니 名如來莊嚴具所莊嚴이요

다. 그런 뒤에 여래의 큰 법신 구름과 큰 자비 구름과 큰 부사의 구름으로부터 부사의하고 광대한 법의 비를 내려 일체 중생으로 하여금 몸과 마음을 청정하게 하신다.

이른바 보리도량에 앉은 보살들을 위하여 큰 법의 비를 내리시니 이름이 '법계의 차별 없음'이고, 최후 몸의 보살들을 위하여 큰 법의 비를 내리시니 이름이 '보살들이 유희하는 여래의 비밀한 가르침'이다. 한 생에 얽매인 바 보살들을 위하여 큰 법의 비를 내리시니 이름이 '청정하고 넓은 광명'이고, 관정의 보살들을 위하여 큰 법의 비를 내리시니 이름이 '여

위득인보살　　우대법우　　명공덕보지혜
爲得忍菩薩하사 雨大法雨하니 名功德寶智慧

화개부　　부단보살대비행　　위주향행보
華開敷하야 不斷菩薩大悲行이요 爲住向行菩

살　　우대법우　　명입현전변화심심문
薩하사 雨大法雨하니 名入現前變化甚深門하야

이행보살행　　무휴식무피염
而行菩薩行호대 無休息無疲厭이요

위초발심보살　　우대법우　　명출생여래
爲初發心菩薩하사 雨大法雨하니 名出生如來

대자비행　　구호중생　　위구독각승중생
大慈悲行하야 救護衆生이요 爲求獨覺乘衆生하사

우대법우　　명심지연기법　　원리이변
雨大法雨하니 名深知緣起法하야 遠離二邊하야

득불괴해탈과
得不壞解脫果요

래의 장엄거리로 장엄하는 바'이다.

법인을 얻은 보살들을 위하여 큰 법의 비를 내리시니 이름이 '공덕 보배 지혜의 꽃이 피어 보살의 대비행이 끊어지지 않음'이고, 십주와 십향과 십행 보살들을 위하여 큰 법의 비를 내리시니 이름이 '눈앞에서 변화하는 매우 깊은 문에 들어가 보살행을 행하되 휴식함도 없고 피로해하거나 싫어함도 없음'이다.

처음 발심한 보살들을 위하여 큰 법의 비를 내리시니 이름이 '여래의 큰 자비행을 내어 중생을 구호함'이고, 독각승을 구하는 중생들을 위하여 큰 법의 비를 내리시니 이름이 '연기법

위구성문승중생　　우대법우　　명이대지
爲求聲聞乘衆生하사 雨大法雨하니 名以大智

혜검　　단일체번뇌원　　위적집선근결정
慧劒으로 斷一切煩惱怨이요 爲積集善根決定

불결정중생　　우대법우　　명능령성취종
不決定衆生하사 雨大法雨하니 名能令成就種

종법문　　생대환희
種法門하야 生大歡喜니라

불자　제불여래　수중생심　우여시등광
佛子야 諸佛如來가 隨衆生心하야 雨如是等廣

대법우　　충만일체무변세계
大法雨하사 充滿一切無邊世界하나니라

불자　여래응정등각　기심평등　어법무
佛子야 如來應正等覺이 其心平等하야 於法無

린　　단이중생　근욕부동　소우법우
吝이로대 但以衆生의 根欲不同으로 所雨法雨가

을 깊이 알고 두 끝을 멀리 여의어 무너지지 않는 해탈의 과를 얻음’이다.

성문승을 구하는 중생들을 위하여 큰 법의 비를 내리시니 이름이 ‘큰 지혜의 칼로써 일체 번뇌의 원수를 끊음’이고, 선근을 쌓되 결정하고 결정하지 못한 중생들을 위하여 큰 법의 비를 내리시니 이름이 ‘갖가지 법문을 성취하여 큰 환희를 내게 함’이다.

불자들이여, 모든 부처님 여래께서 중생들의 마음을 따라서 이와 같은 등 넓고 큰 법의 비를 내리시어 일체 가없는 세계에 가득하다.

불자들이여, 여래 응정등각께서는 그 마음이

시유차별
示有差別이니라

시위여래음성제십상　제보살마하살　응
是爲如來音聲第十相이니 諸菩薩摩訶薩이 應

여시지
如是知니라

부차불자　응지여래음성　유십종무량
復次佛子야 應知如來音聲이 有十種無量이니

하등　위십
何等이 爲十고

소위여허공계무량　지일체처고　여법계
所謂如虛空界無量하야 至一切處故며 如法界

무량　무소불변고
無量하야 無所不徧故니라

평등하여 법에 인색함이 없지만, 다만 중생들의 근성과 욕망이 같지 않으므로 비내리는 바 법의 비에 차별이 있음을 보이신다.

이것이 여래 음성의 열째 모양이니, 모든 보살마하살들은 마땅히 이와 같이 알아야 한다.

다시 또 불자들이여, 마땅히 알라. 여래의 음성에 열 가지 한량없음이 있다.

무엇이 열인가?

이른바 허공계와 같이 한량없음이니 일체 처에 이르는 까닭이며, 법계와 같이 한량없음이니 두루하지 않은 곳이 없는 까닭이다.

여중생계무량　　영일체심희고　　여제업무
如衆生界無量하야　令一切心喜故며　如諸業無

량　　설기과보고
量하야　說其果報故니라

여번뇌무량　　실령제멸고　　여중생언음무
如煩惱無量하야　悉令除滅故며　如衆生言音無

량　　수해령문고　　여중생욕해무량　　보
量하야　隨解令聞故며　如衆生欲解無量하야　普

관구도고
觀救度故니라

여삼세무량　　무유변제고　　여지혜무량
如三世無量하야　無有邊際故며　如智慧無量하야

분별일체고　　여불경계무량　　입불법계고
分別一切故며　如佛境界無量하야　入佛法界故니라

불자　　여래응정등각음성　　성취여시등아
佛子야　如來應正等覺音聲이　成就如是等阿

중생계와 같이 한량없음이니 일체로 하여금 마음을 기쁘게 하는 까닭이며, 모든 업과 같이 한량없음이니 그 과보를 설하는 까닭이다.

번뇌와 같이 한량없음이니 모두 멸하여 없애게 하는 까닭이며, 중생들의 말과 같이 한량없음이니 이해함을 따라 듣게 하는 까닭이며, 중생들의 욕망과 이해와 같이 한량없음이니 널리 관하여 구원하고 제도하는 까닭이다.

삼세와 같이 한량없음이니 끝닿은 데가 없는 까닭이며, 지혜와 같이 한량없음이니 일체를 분별하는 까닭이며, 부처님의 경계와 같이 한량없음이니 부처님의 법계에 들어가는 까닭이다.

승지무량   제보살마하살   응여시지
僧祇無量이니 諸菩薩摩訶薩이 應如是知니라

이시   보현보살마하살   욕중명차의   이
爾時에 普賢菩薩摩訶薩이 欲重明此義하사 而

설송언
說頌言하사대

삼천세계장괴시   중생복력성고언
三千世界將壞時에   衆生福力聲告言호대

사선적정무제고   영기문이실이욕
四禪寂靜無諸苦라하야 令其聞已悉離欲하나니

불자들이여, 여래 응정등각의 음성은 이와 같은 등 아승지 한량없음을 성취하였으니, 모든 보살마하살들은 마땅히 이와 같이 알아야 한다.”

그때에 보현 보살마하살이 이 뜻을 거듭 밝히려고 게송을 설하여 말씀하였다.

삼천세계가 장차 무너질 때에
중생들의 복력으로 소리가 일러 말하되
'사선은 적정하고 모든 고통이 없다'라고 하니
그들이 듣고는 다 욕심을 떠나게 하도다.

십력세존역여시
十力世尊亦如是하야

출묘음성변법계
出妙音聲徧法界하사

위설제행고무상
爲說諸行苦無常하사

영기영도생사해
令其永度生死海로다

비여심산대곡중
譬如深山大谷中에

수유음성개향응
隨有音聲皆響應이니

수능수축타언어
雖能隨逐他言語나

이향필경무분별
而響畢竟無分別인달하야

십력언음역부연
十力言音亦復然하사

수기근숙위시현
隨其根熟爲示現하야

영기조복생환희
令其調伏生歡喜호대

불념아금능연설
不念我今能演說이로다

십력의 세존께서도 또한 이와 같아서

미묘한 음성을 내어 법계에 두루하여

모든 행은 괴롭고 무상하다고 설해서

그들이 생사의 바다를 길이 건너게 하시도다.

비유하면 깊은 산 큰 골짜기 가운데

음성을 따라 다 메아리가 울리니

비록 능히 다른 언어를 따르지만

메아리는 끝까지 분별이 없듯이

십력의 말씀도 또한 그러하여

그 근기가 성숙함을 따라 나타내 보여

그들을 조복하여 환희하게 하지만

'내가 이제 능히 연설한다'라는 생각이 없으시도다.

여천유고명능각
如天有鼓名能覺이라

상어공중진법음
常於空中震法音하야

계피방일제천자
誡彼放逸諸天子하야

영기문이득이착
令其聞已得離著인달하야

십력법고역여시
十力法鼓亦如是하야

출어종종묘음성
出於種種妙音聲하사

각오일체제군생
覺悟一切諸群生하야

영기실증보리과
令其悉證菩提果로다

자재천왕유보녀
自在天王有寶女하야

구중선주제음악
口中善奏諸音樂호대

일성능출백천음
一聲能出百千音하고

일일음중부백천
一一音中復百千하나니

하늘에 북이 있으니 이름이 '능히 깨우침'이라

항상 공중에서 법의 음성을 떨치어

저 방일한 모든 천자들을 경계하여

그들이 듣고 집착을 여의게 하듯이

십력의 법의 북도 또한 이와 같아서

갖가지 미묘한 음성을 내어

일체 모든 중생들을 깨우쳐

그들이 다 보리과를 증득하게 하도다.

자재천왕에게 보녀가 있으니

입으로 모든 음악을 잘 연주하되

한 음성에서 능히 백천의 소리를 내고

낱낱 소리 가운데 다시 백천이라

선서음성역여시
善逝音聲亦如是하야

일성이출일체음
一聲而出一切音하사

수기성욕유차별
隨其性欲有差別하야

각령문이단번뇌
各令聞已斷煩惱로다

비여범왕토일음
譬如梵王吐一音하야

능령범중개환희
能令梵衆皆歡喜호대

음유급범불출외
音唯及梵不出外하니

일일개언이독문
一一皆言已獨聞인달하야

십력범왕역부연
十力梵王亦復然하사

연일언음충법계
演一言音充法界호대

유점중회불원출
唯霑衆會不遠出하니

이무신고미능수
以無信故未能受로다

선서의 음성도 또한 이와 같아서
한 음성에서 일체 소리를 내며
그 근성과 욕망을 따라 차별이 있어
각각 듣고 번뇌를 끊게 하도다.

비유하면 범왕이 한 음성을 내어
능히 범천의 대중들을 다 환희하게 하되
소리는 범천에만 미치고 밖으로 나가지 않으니
낱낱이 모두 자기만 홀로 듣는다고 말하듯이

십력의 범왕도 또한 그러하여
한 음성을 펴서 법계에 가득하되
오직 대중모임에만 미치고 멀리 나가지 않으나
믿음이 없는 까닭으로 받아들을 수 없도다.

비여중수동일성
譬如衆水同一性이라

팔공덕미무차별
八功德味無差別호대

인지재기각부동
因地在器各不同일새

시고영기종종이
是故令其種種異인달하야

일체지음역여시
一切智音亦如是하사

법성일미무분별
法性一味無分別호대

수제중생행부동
隨諸衆生行不同일새

고사청문종종이
故使聽聞種種異로다

비여무열대용왕
譬如無熱大龍王이

강우보흡염부지
降雨普洽閻浮地하야

능령초수개생장
能令草樹皆生長호대

이부종신급심출
而不從身及心出인달하야

비유하면 온갖 물이 동일한 성품이라

여덟 가지 공덕의 맛이 차별없지만

인연으로 있는 그릇이 각각 같지 않으니

그러므로 그들을 갖가지로 다르게 하듯이

일체지의 음성도 또한 이와 같아서

법의 성품은 한맛이고 분별이 없지만

모든 중생들의 행이 같지 않음을 따르므로

듣는 이로 하여금 갖가지로 다르게 하도다.

비유하면 무열 큰 용왕이

비를 내려 염부의 땅을 널리 적시어

능히 풀과 나무를 다 생장하게 하되

몸과 마음으로 내는 것이 아니듯이

제불묘음역여시
諸佛妙音亦如是하사

보우법계실충흡
普雨法界悉充洽하야

능령생선멸제악
能令生善滅諸惡호대

부종내외이득유
不從內外而得有로다

비여마나사용왕
譬如摩那斯龍王이

흥운칠일미선우
興雲七日未先雨하고

대제중생작무경
待諸衆生作務竟한

연후시강성이익
然後始降成利益인달하야

십력연의역여시
十力演義亦如是하사

선화중생사성숙
先化衆生使成熟하고

연후위설심심법
然後爲說甚深法하사

영기문자불경포
令其聞者不驚怖로다

모든 부처님의 미묘한 음성도 또한 이와 같아서
법계에 널리 비내려 모두 흡족히 적시어
능히 선을 내고 모든 악을 멸하게 하되
안과 밖을 좇아서 있는 것이 아니로다.

비유하면 마나사 용왕이
구름을 일으켜 칠일 동안 먼저 비내리지 않고
모든 중생들이 하던 일 마치기를 기다려
그런 뒤에 비로소 비내려 이익되게 하듯이

십력께서 뜻을 펴심도 또한 이와 같아서
먼저 중생을 교화하여 성숙하게 하시고
그런 뒤에 매우 깊은 법을 설하시어
그 듣는 자로 하여금 놀라지 않게 하시도다.

대장엄용어해중
大莊嚴龍於海中에

주어십종장엄우
霔於十種莊嚴雨하며

혹백혹천백천종
或百或千百千種이라

수수일미장엄별
水雖一味莊嚴別이니

구경변재역여시
究竟辯才亦如是하사

설십이십제법문
說十二十諸法門하며

혹백혹천지무량
或百或千至無量호대

불생심념유수별
不生心念有殊別이로다

최승용왕사갈라
最勝龍王娑竭羅가

홍운보부사천하
興雲普覆四天下하야

어일체처우각별
於一切處雨各別호대

이피용심무이념
而彼龍心無二念이니

대장엄 용왕이 바다 가운데

열 가지의 장엄한 비를 내림에

혹은 백, 혹은 천, 백천 가지이니

물은 비록 한맛이나 장엄은 다르듯이

구경의 변재도 또한 이와 같아서

열, 스물의 모든 법문을 설하여

혹은 백, 혹은 천, 한량없음에 이르지만

마음 생각에는 차별을 내지 않도다.

가장 수승한 용왕 사갈라가

구름을 일으켜 사천하를 널리 덮어서

일체 처에 비내림이 각각 다르나

그 용왕의 마음은 두 생각이 없듯이

제불법왕역여시　　　대비신운변시방
諸佛法王亦如是하사　　**大悲身雲徧十方**하야

위제수행우각이　　　이어일체무분별
爲諸修行雨各異호대　　**而於一切無分別**이로다

불자　　제보살마하살　　응운하지여래응정
佛子야 **諸菩薩摩訶薩**이 **應云何知如來應正**

등각심
等覺心고

불자　　여래심의식　　구불가득　　단응이지
佛子야 **如來心意識**을 **俱不可得**이니 **但應以智**

무량고　지여래심
無量故로 **知如來心**이니라

모든 부처님 법왕께서도 또한 이와 같아서

대비의 몸 구름이 시방에 두루하여

모든 수행자들을 위해 비내림이 각각 다르나

일체에 대하여 분별이 없으시도다.

"불자들이여, 모든 보살마하살들이 마땅히 어떻게 여래 응정등각의 마음을 알아야 하는가?

불자들이여, 여래의 마음과 뜻과 의식은 함께 얻을 수 없으니, 다만 마땅히 지혜가 한량없음으로써 여래의 마음을 알아야 한다.

비여허공　위일체물소의　　이허공　　무
譬如虛空이 **爲一切物所依**로대 **而虛空**은 **無**

소의　　　　여래지혜　　역부여시　　위일
所依인달하야 **如來智慧**도 **亦復如是**하야 **爲一**

체세간출세간지소의　　이여래지　무소의
切世閒出世閒智所依로대 **而如來智**는 **無所依**니라

불자　시위여래심제일상　　제보살마하살
佛子야 **是爲如來心第一相**이니 **諸菩薩摩訶薩**이

응여시지
應如是知니라

부차불자　비여법계　　상출일체성문독각
復次佛子야 **譬如法界**가 **常出一切聲聞獨覺**

보살해탈　이법계　무증감　　여래지
菩薩解脫호대 **而法界**는 **無增減**인달하야 **如來智**

비유하면 허공이 일체 물건의 의지하는 바가 되지만 허공은 의지하는 바가 없듯이, 여래의 지혜도 또한 이와 같아서 일체 세간과 출세간 지혜의 의지하는 바가 되지만 여래의 지혜는 의지하는 바가 없다.

불자들이여, 이것이 여래 마음의 첫째 모양 이니, 모든 보살마하살들은 마땅히 이와 같이 알아야 한다.

다시 또 불자들이여, 비유하면 법계는 일체 성문과 독각과 보살의 해탈을 항상 내지만 법계는 늘어나고 줄어듦이 없듯이, 여래의 지혜

혜　　역부여시　　항출일체세간출세간종종
慧도 亦復如是하야 恒出一切世間出世間種種

지혜　　이여래지　무증감
智慧호대 而如來智는 無增減이니라

불자　시위여래심제이상　　제보살마하살
佛子야 是爲如來心第二相이니 諸菩薩摩訶薩이

응여시지
應如是知니라

부차불자　　비여대해　　기수잠류사천하지
復次佛子야 譬如大海가 其水潛流四天下地와

급팔십억제소주중　　유천착자　무부득수
及八十億諸小洲中하야 有穿鑿者가 無不得水나

이피대해　부작분별　　아출어수
而彼大海는 不作分別호대 我出於水인달하니라

도 또한 이와 같아서 항상 일체 세간과 출세
간의 갖가지 지혜를 내지만 여래의 지혜는 늘
어나고 줄어듦이 없다.

불자들이여, 이것이 여래 마음의 둘째 모양
이니, 모든 보살마하살들은 마땅히 이와 같이
알아야 한다.

다시 또 불자들이여, 비유하면 큰 바다는 그
물이 사천하의 땅과 팔십억 모든 작은 섬 속으
로 흘러 스며들어서 구멍을 뚫으면 물을 얻지
못함이 없지만 저 큰 바다는 '내가 물을 낸다'
라고 분별하지 않는다.

불지해수　　역부여시　　　유입일체중생심
佛智海水도 亦復如是하야 流入一切衆生心

중　　약제중생　　관찰경계　　수습법문
中일새 若諸衆生이 觀察境界하야 修習法門하면

즉득지혜　　청정명료　　이여래지　평등무
則得智慧가 淸淨明了호대 而如來智는 平等無

이　　무유분별　　단수중생　심행이고　소
二하며 無有分別이요 但隨衆生의 心行異故로 所

득지혜　각각부동
得智慧가 各各不同이니라

불자　시위여래심제삼상　　제보살마하살
佛子야 是爲如來心第三相이니 諸菩薩摩訶薩이

응여시지
應如是知니라

부처님의 지혜 바닷물도 또한 이와 같아서 일체 중생의 마음 가운데로 흘러 들어가니 만약 모든 중생들이 경계를 관찰하여 법문을 닦아 익히면 곧 지혜가 청정하고 명료함을 얻게 되지만, 여래의 지혜는 평등하여 둘이 없으며 분별이 없으면서도 다만 중생들의 마음과 행이 다름을 따르는 까닭으로 얻은 바 지혜도 각각 같지 아니하다.

불자들이여, 이것이 여래 마음의 셋째 모양이니, 모든 보살마하살들은 마땅히 이와 같이 알아야 한다.

부차불자　비여대해　유사보주　구무량덕
復次佛子야 譬如大海에 有四寶珠가 具無量德하야

능생해내일체진보　　약대해중　　무차보
能生海內一切珍寶하나니 若大海中에 無此寶

주　내지일보　역불가득
珠면 乃至一寶도 亦不可得이니라

하등　위사
何等이 爲四오

일　명적집보　이　명무진장　삼　명원
一은 名積集寶요 二는 名無盡藏이요 三은 名遠

리치연　사　명구족장엄
離熾然이요 四는 名具足莊嚴이라

불자　차사보주　일체범부제용신등　실부
佛子야 此四寶珠는 一切凡夫諸龍神等이 悉不

득견
得見이니라

다시 또 불자들이여, 비유하면 큰 바다에 네 가지 보배 구슬이 있으니 한량없는 덕을 갖추어서 바다 속의 일체 진귀한 보배를 능히 낸다. 만약 큰 바다 속에 이 보배 구슬이 없다면 내지 하나의 보배도 또한 얻을 수 없다.

무엇이 넷인가?

하나는 이름이 '모아 쌓는 보배'이고, 둘은 이름이 '무진장'이고, 셋은 이름이 '치성함을 멀리 여읨'이고, 넷은 이름이 '장엄을 구족함'이다.

불자들이여, 이 네 보배 구슬은 일체 범부와 모든 용과 귀신들이 다 보지 못한다.

무슨 까닭인가?

하이고
何以故오

사갈용왕   이차보주단엄방정   치어궁중
娑竭龍王이 以此寶珠端嚴方正으로 置於宮中

심밀처고
深密處故인달하니라

불자   여래응정등각대지혜해   역부여시
佛子야 如來應正等覺大智慧海도 亦復如是하야

어중   유사대지보주   구족무량복지공덕   유
於中에 有四大智寶珠가 具足無量福智功德하야 由

차능생일체중생과   성문독각학무학위와   급
此能生一切衆生과 聲聞獨覺學無學位와 及

제보살지혜지보
諸菩薩智慧之寶하나니라

하등   위사
何等이 爲四오

사갈라 용왕이 이 보배 구슬이 단엄하고 반듯한 것으로 궁중의 깊고 비밀한 곳에 두는 까닭이다.

불자들이여, 여래 응정등각의 큰 지혜바다도 또한 이와 같아서, 그 가운데 네 큰 지혜 보배 구슬이 있어 한량없는 복과 지혜와 공덕을 갖추어서 이로 말미암아 일체 중생과 성문과 독각과 배우는 이와 배울 것 없는 이와 그리고 모든 보살들의 지혜 보배를 능히 낸다.

무엇이 넷인가?

이른바 물들지 않는 교묘한 방편인 큰 지혜 보배와, 함이 있고 함이 없는 법을 잘 분별하

소위무염착교방편대지혜보　선분별유위
所謂無染著巧方便大智慧寶와 善分別有爲

무위법대지혜보　분별설무량법　이불괴
無爲法大智慧寶와 分別說無量法호대 而不壞

법성대지혜보　지시비시　미증오실대지
法性大智慧寶와 知時非時하야 未曾誤失大智

혜보
慧寶니라

약제여래대지해중　무차사보　유일중생
若諸如來大智海中에 無此四寶면 有一衆生도

득입대승　종무시처　차사지보　박복중
得入大乘이 終無是處니라 此四智寶는 薄福衆

생　소불능견　하이고　치어여래심밀장
生의 所不能見이니 何以故오 置於如來深密藏

고
故니라

는 큰 지혜 보배와, 한량없는 법을 분별하여 설하되 법의 성품을 무너뜨리지 않는 큰 지혜 보배와, 때와 때 아님을 알아서 일찍이 그르치지 않은 큰 지혜 보배이다.

만약 모든 여래의 큰 지혜바다에 이 네 보배가 없으면 어떤 한 중생도 대승에 들어간다는 것은 마침내 옳지 않다. 이 네 지혜 보배를 박복한 중생은 볼 수 없는 바이니, 왜냐하면 여래의 깊은 비밀 창고에 두는 까닭이다.

이 네 지혜 보배는 고르고 정직하고 단정하고 조촐하고 미묘하고 아름다워서 모든 보살 대중들을 널리 능히 이익하게 하여 그들로 하

차사지보　평균정직　　단결묘호　　　보능
此四智寶가 平均正直하고 端潔妙好하야 普能

이익제보살중　　영기실득지혜광명
利益諸菩薩衆하야 令其悉得智慧光明이니라

불자　시위여래심제사상　　제보살마하살
佛子야 是爲如來心第四相이니 諸菩薩摩訶薩이

응여시지
應如是知니라

부차불자　비여대해　유사치연광명대보
復次佛子야 譬如大海에 有四熾然光明大寶가

포재기저　　성극맹열　　상능음축백천소
布在其底호대 性極猛熱하야 常能飮縮百川所

주무량대수　시고대해　무유증감
注無量大水일새 是故大海가 無有增減하나니라

여금 모두 지혜의 광명을 얻게 한다.

불자들이여, 이것이 여래 마음의 넷째 모양이니, 모든 보살마하살들은 마땅히 이와 같이 알아야 한다.

다시 또 불자들이여, 비유하면 큰 바다에 네 개의 치성한 광명을 내는 큰 보배가 그 바닥에 펼쳐져 있는데, 성질이 극히 매우 뜨거워 백 하천에서 흘러 들어오는 한량없는 큰 물을 항상 능히 받아들이니, 그러므로 큰 바다가 늘어나고 줄어들지 않는다.

무엇이 넷인가?

하등　　위사
何等이 爲四오

일　명일장　　이　명이윤　　삼　명화염광
一은 名日藏이요 二는 名離潤이요 三은 名火燄光이요

사　　명진무여
四는 名盡無餘라

불자　약대해중　　무차사보　종사천하　　내
佛子야 若大海中에 無此四寶면 從四天下로 乃

지유정　기중소유　　실피표몰
至有頂히 其中所有가 悉被漂沒이니라

불자　차일장대보광명　조촉해수　실변위
佛子야 此日藏大寶光明이 照觸海水에 悉變爲

유　　이윤대보광명　조촉기유　실변위락
乳하며 離潤大寶光明이 照觸其乳에 悉變爲酪하며

화염광대보광명　조촉기락　실변위소
火燄光大寶光明이 照觸其酪에 悉變爲酥하며

하나는 이름이 '태양창고'이고, 둘은 이름이 '축축함을 여윔'이고, 셋은 이름이 '불꽃 빛'이고, 넷은 이름이 '다하여 남음이 없음'이다.

불자들이여, 만약 큰 바다에 이 네 보배가 없으면 사천하에서부터 유정천에 이르기까지 그 가운데 있는 것들이 모두 물위에 떠돌다가 가라앉을 것이다.

불자들이여, 이 '태양창고'의 큰 보배 광명이 바닷물에 비치어 닿으면 다 변하여 젖이 되고, '축축함을 여윔'의 큰 보배 광명이 그 젖에 비치어 닿으면 다 변하여 타락이 되고, '불꽃 빛'의 큰 보배 광명이 그 타락에 비치어 닿으면

진무여대보광명　　조촉기소　　변성제호
盡無餘大寶光明이 **照觸其酥**에 **變成醍醐**하야

여화치연　　실진무여
如火熾然하야 **悉盡無餘**인달하니라

불자　여래응정등각대지혜해　　역부여시
佛子야 **如來應正等覺大智慧海**도 **亦復如是**하야

유사종대지혜보　　구족무량위덕광명　　　차
有四種大智慧寶가 **具足無量威德光明**하야 **此**

지보광　촉제보살　내지영득여래대지
智寶光이 **觸諸菩薩**에 **乃至令得如來大智**하나니라

하등　위사
何等이 **爲四**오

소위멸일체산선파랑대지혜보　　제일체법
所謂滅一切散善波浪大智慧寶와 **除一切法**

애대지혜보　　혜광보조대지혜보　　여여래
愛大智慧寶와 **慧光普照大智慧寶**와 **與如來**

다 변하여 소가 되고, '다하여 남음이 없음'의 큰 보배 광명이 그 소에 비치어 닿으면 변하여 제호가 되니, 마치 불이 치성하면 모두 다하고 남음이 없는 것과 같다.

불자들이여, 여래 응정등각의 큰 지혜바다도 또한 이와 같아서, 네 가지 큰 지혜 보배가 있어 한량없는 위덕과 광명을 갖추었으니, 이 지혜 보배의 광명이 모든 보살들을 비추어 내지 여래의 큰 지혜를 얻게 한다.

무엇이 넷인가?

이른바 일체 선행을 흩어버리는 물결을 멸하는 큰 지혜 보배와, 일체 법의 애착을 제거하

평등무변무공용대지혜보
平等無邊無功用大智慧寶라

불자 제보살 수집일체조도법시 기무량
佛子야 諸菩薩이 修集一切助道法時에 起無量

산선파랑 일체세간천인아수라 소불능
散善波浪하야 一切世間天人阿脩羅의 所不能

괴 여래 이멸일체산선파랑대지혜보광
壞어든 如來가 以滅一切散善波浪大智慧寶光

명 촉피보살 영사일체산선파랑 지
明으로 觸彼菩薩하사 令捨一切散善波浪하고 持

심일경 주어삼매
心一境하야 住於三昧하니라

우이제일체법애대지혜보광명 촉피보살
又以除一切法愛大智慧寶光明으로 觸彼菩薩하사

영사리삼매미착 기광대신통
令捨離三昧味著하고 起廣大神通하니라

는 큰 지혜 보배와, 지혜 광명이 널리 비치는 큰 지혜 보배와, 여래와 평등하여 가없고 공용이 없는 큰 지혜 보배이다.

불자들이여, 모든 보살들이 일체 도를 돕는 법을 닦아 모을 때에, 한량없는 선행을 흩어버리는 물결을 일으키는 것을 일체 세간의 하늘과 사람과 아수라들은 능히 깨뜨리지 못하지만, 여래께서는 일체 선행을 흩어버리는 물결을 멸하는 큰 지혜 보배의 광명을 그 보살들에게 닿게 하여 일체 선행을 흩어버리는 물결을 버리고 마음을 한 경계에 두어 삼매에 머무르게 하신다.

우이혜광보조대지혜보광명　　촉피보살
又以慧光普照大智慧寶光明으로　觸彼菩薩하사

영사소기광대신통　　주대명공용행
令捨所起廣大神通하고　住大明功用行하나라

우이여여래평등무변무공용대지혜보광
又以與如來平等無邊無功用大智慧寶光

명　　촉피보살　　영사소기대명공용행
明으로　觸彼菩薩하사　令捨所起大明功用行하고

내지득여래평등지　　식일체공용　　영무유
乃至得如來平等地하야　息一切功用하야　令無有

여
餘하나니라

불자　약무여래차사지보대광조촉　　내지
佛子야　若無如來此四智寶大光照觸이면　乃至

유일보살　득여래지　무유시처
有一菩薩도　得如來地가　無有是處니라

또 일체 법의 애착을 제거하는 큰 지혜 보배의 광명을 그 보살들에게 닿게 하여 삼매에 맛들임을 버려 여의고 광대한 신통을 일으키게 하신다.

또 지혜 광명이 널리 비치는 큰 지혜 보배의 광명을 그 보살들에게 닿게 하여 일으킨 바 광대한 신통을 버리고 크게 밝은 공용의 행에 머무르게 하신다.

또 여래와 더불어 평등하여 가없고 공용이 없는 큰 지혜 보배의 광명을 그 보살들에게 닿게 하여 일으킨 바 크게 밝은 공용의 행을 버리고, 내지 여래의 평등한 지위를 얻어서 일

불자　시위여래심제오상　　제보살마하살
佛子야 是爲如來心第五相이니 諸菩薩摩訶薩이

응여시지
應如是知니라

부차불자　여종수제　　상지비상비비상천
復次佛子야 如從水際로 上至非想非非想天히

기중소유대천국토　　욕색무색중생지처
其中所有大千國土와 欲色無色衆生之處가

막불개의허공이기　허공이주
莫不皆依虛空而起며 虛空而住니라

하이고　허공　보변고　수피허공　보용삼
何以故오 虛空이 普徧故라 雖彼虛空이 普容三

계　이무분별
界나 而無分別인달하니라

체 공용을 쉬어 남음이 없게 하신다.

불자들이여, 만약 여래께서 이 네 가지 지혜 보배의 큰 광명을 비추어 닿게 함이 없으면 내지 한 보살도 여래의 지위를 얻음은 옳지 않다.

불자들이여, 이것이 여래 마음의 다섯째 모양이니, 모든 보살마하살들은 마땅히 이와 같이 알아야 한다.

다시 또 불자들이여, 저 물의 경계로부터 위로 비상비비상천에 이르기까지 그 가운데 있는 대천 국토와 욕계와 색계와 무색계 중생들의 처소가 다 허공을 의지하여 일어나고 허공

불자 여래지혜 역부여시 약성문지
佛子야 如來智慧도 亦復如是하야 若聲聞智와

약독각지 약보살지 약유위행지 약무위
若獨覺智와 若菩薩智와 若有爲行智와 若無爲

행지 일체개의여래지기 여래지주
行智가 一切皆依如來智起하며 如來智住하나니라

하이고 여래지혜 변일체고 수부보용무
何以故오 如來智慧가 徧一切故라 雖復普容無

량지혜 이무분별
量智慧나 而無分別이니라

불자 시위여래심제육상 제보살마하살
佛子야 是爲如來心第六相이니 諸菩薩摩訶薩이

응여시지
應如是知니라

에 머무르지 않음이 없다.

무슨 까닭인가? 허공이 널리 두루한 까닭이다. 비록 저 허공이 삼계를 널리 받아들이지만 분별이 없다.

불자들이여, 여래의 지혜도 또한 이와 같아서 성문의 지혜나, 독각의 지혜나, 보살의 지혜나, 함이 있는 행의 지혜나, 함이 없는 행의 지혜나, 일체가 다 여래의 지혜를 의지하여 일어나고 여래의 지혜에 머무른다.

무슨 까닭인가? 여래의 지혜는 일체에 두루한 까닭이다. 비록 다시 한량없는 지혜를 널리 용납하지만 분별이 없다.

부차불자　　여설산정　　유약왕수　　　명무진
復次佛子야 如雪山頂에 有藥王樹하니 名無盡

근　　　피약수근　　종십육만팔천유순하
根이라 彼藥樹根이 從十六萬八千由旬下하야

진금강지수륜제생　　　피약왕수　　약생근
盡金剛地水輪際生하나니 彼藥王樹가 若生根

시　　영염부제일체수근생　　　약생경시　　영
時엔 令閻浮提一切樹根生하며 若生莖時엔 令

염부제일체수경생　　지엽화과　　실개여시
閻浮提一切樹莖生하며 枝葉華果도 悉皆如是니라

차약왕수　　근능생경　　　경능생근　　　근무
此藥王樹가 根能生莖하며 莖能生根호대 根無

유진　　명무진근
有盡일새 名無盡根이니라

불자　　피약왕수　　어일체처　　개령생장
佛子야 彼藥王樹가 於一切處에 皆令生長호대

불자들이여, 이것이 여래 마음의 여섯째 모양이니, 모든 보살마하살들은 마땅히 이와 같이 알아야 한다.

다시 또 불자들이여, 설산의 정상에 약왕나무가 있으니 이름이 '다함없는 뿌리'이다. 그 약나무 뿌리가 십육만 팔천 유순 아래 금강 땅이 다한 수륜 경계에서 생겨났다. 그 약왕나무가 만약 뿌리를 낼 때에는 염부제의 일체 나무의 뿌리가 나게 하며, 만약 줄기를 낼 때에는 염부제의 일체 나무의 줄기가 나게 하며, 가지와 잎과 꽃과 열매도 모두 다 이와 같다.

유어이처　　불능위작생장이익　　소위지
唯於二處에 不能爲作生長利益하나니 所謂地

옥심갱　　급수륜중　　연역어피　초무염
獄深阬과 及水輪中이라 然亦於彼에 初無厭

사
捨인달하니라

불자　여래지혜대약왕수　역부여시　이
佛子야 如來智慧大藥王樹도 亦復如是하야 以

과거소발성취일체지혜선법　보부일체제
過去所發成就一切智慧善法으로 普覆一切諸

중생계　제멸일체제악도고　광대비원
衆生界하야 除滅一切諸惡道苦하는 廣大悲願으로

이위기근
而爲其根하니라

어일체여래진실지혜종성중생　견고부동
於一切如來眞實智慧種性中生하야 堅固不動

이 약왕나무가 뿌리는 능히 줄기를 내며, 줄기는 능히 뿌리를 내되, 뿌리가 다함이 없으므로 이름이 '다함없는 뿌리'이다.

불자들이여, 저 약왕나무가 일체 처에 다 나서 자라게 하지만, 오직 두 곳에서는 나서 자라는 이익을 능히 짓지 못하니 이른바 지옥의 깊은 구렁과 수륜 속이다. 그러나 또한 거기에서도 처음부터 싫어하여 버림이 없다.

불자들이여, 여래 지혜의 큰 약왕나무도 또한 이와 같아서, 과거에 일으킨 바 일체 지혜를 성취하려는 선한 법으로써 일체 모든 중생계를 널리 덮고, 일체 모든 나쁜 길의 괴로움을 제멸

선교방편 이위기경 변법계지제바라
善巧方便으로 以爲其莖하고 徧法界智諸波羅

밀 이위기지 선정해탈제대삼매 이위
蜜로 以爲其枝하고 禪定解脫諸大三昧로 以爲

기엽 총지변재보리분법 이위기화
其葉하고 總持辯才菩提分法으로 以爲其華하고

구경무변제불해탈 이위기과
究竟無變諸佛解脫로 以爲其果니라

불자 여래지혜대약왕수 하고 득명위무
佛子야 如來智慧大藥王樹가 何故로 得名爲無

진근 이구경무휴식고 부단보살행고 보
盡根고 以究竟無休息故며 不斷菩薩行故니 菩

살행 즉여래성 여래성 즉보살행 시
薩行이 即如來性이며 如來性이 即菩薩行일새 是

고 득명위무진근
故로 得名爲無盡根이니라

하는 광대한 자비와 서원으로 그 뿌리가 된다.

일체 여래의 진실한 지혜의 종자 성품 속에 나서 견고하여 흔들리지 않는 선교방편으로 그 줄기가 되고, 법계에 두루하는 지혜와 모든 바라밀로 그 가지가 되고, 선정과 해탈과 모든 큰 삼매로 그 잎이 되고, 총지와 변재와 보리분법으로 그 꽃이 되고, 끝까지 변함없는 모든 부처님의 해탈로 그 열매가 된다.

불자들이여, 여래 지혜의 큰 약왕나무가 무슨 까닭으로 '다함없는 뿌리'라는 이름을 얻었는가? 끝까지 휴식하지 않는 까닭이며, 보살의 행을 끊지 않는 까닭이니, 보살의 행이 곧 여래의

불자　여래지혜대약왕수　기근생시　　영
佛子야 如來智慧大藥王樹가 其根生時에 令

일체보살　생불사중생대자비근　기경생
一切菩薩로 生不捨衆生大慈悲根하며 其莖生

시　영일체보살　증장견고정진심심경
時에 令一切菩薩로 增長堅固精進深心莖하며

기지생시　영일체보살　증장일체제 바라
其枝生時에 令一切菩薩로 增長一切諸波羅

밀지
蜜枝하니라

기엽생시　영일체보살　생장정계두타공
其葉生時에 令一切菩薩로 生長淨戒頭陀功

덕소욕지족엽　기화생시　영일체보살
德少欲知足葉하며 其華生時에 令一切菩薩로

구제선근상호장엄화　기과생시　영일체
具諸善根相好莊嚴華하며 其果生時에 令一切

성품이고, 여래의 성품이 곧 보살의 행이다. 그러므로 '다함없는 뿌리'라는 이름을 얻었다.

불자들이여, 여래 지혜의 큰 약왕나무가 그 뿌리가 날 때에는 일체 보살로 하여금 중생들을 버리지 않는 대자비의 뿌리를 내게 하며, 그 줄기가 날 때에는 일체 보살로 하여금 견고한 정진과 깊은 마음의 줄기가 더욱 자라게 하며, 그 가지가 날 때에는 일체 보살로 하여금 일체 모든 바라밀의 가지를 더욱 자라게 한다.

그 잎이 날 때에는 일체 보살로 하여금 깨끗한 계와 두타의 공덕으로 욕심이 적고 만족함을 아는 잎을 생장하게 하며, 그 꽃이 날 때에

보살 득무생인 내지일체불관정인과
菩薩로 得無生忍과 乃至一切佛灌頂忍果니라

불자 여래지혜대약왕수 유어이처 불능
佛子야 如來智慧大藥王樹가 唯於二處에 不能

위작생장이익
爲作生長利益하나니라

소위이승 타어무위광대심갱 급괴선근
所謂二乘이 墮於無爲廣大深阬과 及壞善根

비기중생 익대사견탐애지수 연역어피
非器衆生이 溺大邪見貪愛之水라 然亦於彼에

증무염사
曾無厭捨니라

불자 여래지혜 무유증감 이근선안주
佛子야 如來智慧가 無有增減이니 以根善安住하야

생무휴식고
生無休息故니라

는 일체 보살로 하여금 모든 선근의 상호로 장엄한 꽃을 갖추게 하며, 그 열매가 날 때에는 일체 보살로 하여금 생사가 없는 지혜와 내지 일체 부처님의 관정 지혜의 과위를 얻게 한다.

불자들이여, 여래 지혜의 큰 약왕나무는 오직 두 곳에서는 능히 나서 자라는 이익을 짓지 못한다.

이른바 무위의 광대하고 깊은 구렁에 떨어진 이승과, 선근이 파괴된 그릇이 아닌 중생으로서 큰 사견과 탐욕의 물에 빠진 이들이다. 그러나 또한 거기에서도 일찍이 싫어하여 버림이 없다.

불자들이여, 여래의 지혜는 늘어나고 줄어듦

불자　시위여래심제칠상　　제보살마하살
佛子야 是爲如來心第七相이니 諸菩薩摩訶薩이

응여시지
應如是知니라

부차불자　　비여삼천대천세계겁화기시
復次佛子야 譬如三千大千世界劫火起時에

분소일체초목총림　　내지철위대철위산
焚燒一切草木叢林과 乃至鐵圍大鐵圍山하야

개실치연　　무유유여
皆悉熾然하야 無有遺餘하나니라

불자　가사유인　수집건초　　투피화중
佛子야 假使有人이 手執乾草하야 投彼火中하면

어의운하　득부소부
於意云何오 得不燒不아

이 없으니 뿌리가 잘 편안히 머물러서 생장하
는 데 휴식이 없는 까닭이다.

불자들이여, 이것이 여래 마음의 일곱째 모
양이니, 모든 보살마하살들은 마땅히 이와 같
이 알아야 한다.

다시 또 불자들이여, 비유하면 삼천대천세계
에 겁의 불이 일어날 때에 일체 초목과 총림과
내지 철위산과 큰 철위산을 태워서 모두 다
타버리고 남는 것이 없다.

불자들이여, 가령 어떤 사람이 손으로 마른
풀을 잡아서 저 불속에 던진다면 어떻게 생각

답언   불야
答言하사대 不也니이다

불자   피소투초   용가불소   여래지혜
佛子야 彼所投草는 容可不燒어니와 如來智慧는

분별삼세일체중생   일체국토   일체겁수
分別三世一切衆生과 一切國土와 一切劫數와

일체제법   무부지자   약언부지   무유
一切諸法하야 無不知者니 若言不知인댄 無有

시처   하이고   지혜평등   실명달고
是處니 何以故오 智慧平等하야 悉明達故니라

불자   시위여래심제팔상   제보살마하살
佛子야 是爲如來心第八相이니 諸菩薩摩訶薩이

응여시지
應如是知니라

하는가? 타지 않을 수 있겠는가?

대답하여 말하기를 '아닙니다'라고 할 것이다.

불자들이여, 그 던져진 풀은 타지 않을 수 있다 하더라도, 여래의 지혜는 삼세 일체 중생과 일체 국토와 일체 겁의 수효와 일체 모든 법을 분별하여 알지 못하는 것이 없으니, 만약 알지 못한다고 말하면 옳지 않다. 무슨 까닭인가? 지혜가 평등하여 모두 밝게 통달하는 까닭이다.

불자들이여, 이것이 여래 마음의 여덟째 모양이니, 모든 보살마하살들은 마땅히 이와 같이 알아야 한다.

부차불자　비여풍재　괴세계시　유대풍
復次佛子야 譬如風災가 壞世界時에 有大風

기　　명왈산괴　능괴삼천대천세계　　철
起하니 名曰散壞라 能壞三千大千世界하야 鐵

위산등　개성쇄말
圍山等이 皆成碎末이니라

부유대풍　　명위능장　　주잡삼천대천세
復有大風하니 名爲能障이라 周帀三千大千世

계　　장산괴풍　　불령득지여방세계
界하야 障散壞風하야 不令得至餘方世界하나니라

불자　약령무차능장대풍　　시방세계　무
佛子야 若令無此能障大風이면 十方世界가 無

불괴진　　　여래응정등각　역부여시
不壞盡인달하야 如來應正等覺도 亦復如是하야

유대지풍　　명위능멸　능멸일체제대보
有大智風하니 名爲能滅이라 能滅一切諸大菩

다시 또 불자들이여, 비유하면 바람의 재앙이 세계를 무너뜨릴 때에 큰 바람이 일어나니 이름이 '흩어 무너뜨림'이라, 삼천대천세계와 철위산 등을 능히 무너뜨려 다 가루를 만든다.

또 큰 바람이 있으니 이름이 '능장'이라, 삼천대천세계를 두루 돌아 '흩어 무너뜨림'이라는 바람을 막아서 다른 방위의 세계에 이르지 못하게 한다.

불자들이여, 만약 이 '능장'이라는 큰 바람을 없애면 시방세계가 무너져 다하지 않음이 없을 것이다. 여래 응정등각도 또한 이와 같아서 큰 지혜 바람이 있으니 이름이 '능멸'이라,

살 번뇌습기 유대지풍 명위교지 교
薩의 煩惱習氣어든 有大智風하니 名爲巧持라 巧

지기근미숙보살 불령능멸대지풍륜
持其根未熟菩薩하야 不令能滅大智風輪으로

단기일체번뇌습기
斷其一切煩惱習氣하나니라

불자 약무여래교지지풍 무량보살 개
佛子야 若無如來巧持智風이면 無量菩薩이 皆

타성문벽지불지 유차지고 영제보살
墮聲聞辟支佛地어니와 由此智故로 令諸菩薩로

초이승지 안주여래구경지위
超二乘地하야 安住如來究竟之位니라

불자 시위여래심제구상 제보살마하살
佛子야 是爲如來心第九相이니 諸菩薩摩訶薩이

응여시지
應如是知니라

일체 모든 큰 보살들의 번뇌와 습기를 능히 멸한다. 큰 지혜 바람이 있으니 이름이 '교묘하게 붙듦'이라, 그 근기가 성숙하지 못한 보살들을 교묘하게 붙들어서 '능멸'이라는 큰 지혜 풍륜으로 하여금 그 일체 번뇌와 습기를 끊게 하지 않는다.

불자들이여, 만약 여래의 '교묘하게 붙듦'이라는 지혜 바람이 없으면 한량없는 보살들이 모두 성문과 벽지불 지위에 떨어질 것이나, 이 지혜를 말미암은 까닭으로 모든 보살들로 하여금 이승의 지위를 초월하여 여래 구경의 자리에 편안히 머무르게 한다.

부차불자　여래지혜　무처부지
復次佛子야 如來智慧가 無處不至니라

하이고　무일중생　이불구유여래지혜
何以故오 無一衆生도 而不具有如來智慧언마는

단이망상전도집착　이부증득　약리망
但以妄想顚倒執著으로 而不證得하나니 若離妄

상　일체지　자연지　무애지　즉득현전
想하면 一切智와 自然智와 無礙智가 則得現前하리라

불자　비여유대경권　양등삼천대천세계
佛子야 譬如有大經卷이 量等三千大千世界하야

서사삼천대천세계중사　일체개진
書寫三千大千世界中事하야 一切皆盡하나니라

소위서사대철위산중사　양등대철위산
所謂書寫大鐵圍山中事에 量等大鐵圍山하며

서사대지중사　양등대지　서사중천세계
書寫大地中事에 量等大地하며 書寫中千世界

불자들이여, 이것이 여래 마음의 아홉째 모양이니, 모든 보살마하살들은 마땅히 이와 같이 알아야 한다.

다시 또 불자들이여, 여래의 지혜는 이르지 못하는 곳이 없다.

무슨 까닭인가? 한 중생도 여래의 지혜를 갖추고 있지 않음이 없지만, 단지 허망한 생각과 뒤바뀐 집착으로 증득하지 못하니, 만약 망상을 여의면 일체지와 자연지와 걸림 없는 지혜가 곧 앞에 나타나게 될 것이다.

불자들이여, 비유하면 큰 경권이 있으니 분

중사　　양등중천세계　　　서사소천세계중사
中事에 量等中千世界하며 書寫小千世界中事에

양등소천세계
量等小千世界하니라

여시약사천하　　약대해　　약수미산　　약지천
如是若四天下와 若大海와 若須彌山과 若地天

궁전　　약욕계공거천궁전　　약색계궁전　　약
宮殿과 若欲界空居天宮殿과 若色界宮殿과 若

무색계궁전　　일일서사　　기량실등
無色界宮殿을 一一書寫에 其量悉等이라

차대경권　　수부양등대천세계　　이전주재
此大經卷이 雖復量等大千世界나 而全住在

일미진중　　　여일미진　　　일체미진　　개역
一微塵中이니 如一微塵하야 一切微塵도 皆亦

여시
如是니라

량이 삼천대천세계와 같은데, 삼천대천세계 가운데 일을 서사하여 일체를 모두 다하였다.

이른바 큰 철위산 가운데 일을 서사한 것은 분량이 큰 철위산과 같고, 대지 가운데 일을 서사한 것은 분량이 대지와 같고, 중천세계 가운데 일을 서사한 것은 분량이 중천세계와 같고, 소천세계 가운데 일을 서사한 것은 분량이 소천세계와 같다.

이와 같이 사천하와 큰 바다와 수미산과 지거천 궁전과 욕계의 공거천의 궁전과 색계의 궁전과 무색계의 궁전을 낱낱이 서사한 것은 그 분량이 모두 같다.

시유일인　지혜명달　　구족성취청정천안
時有一人이 智慧明達하야 具足成就淸淨天眼하야

견차경권　재미진내　　어제중생　무소이
見此經卷이 在微塵內하야 於諸衆生에 無少利

익　　즉작시념　　아당이정진력　　파피미
益하고 即作是念호대 我當以精進力으로 破彼微

진　　출차경권　　영득요익일체중생
塵하고 出此經卷하야 令得饒益一切衆生이라하야

작시념이　즉기방편　　파피미진　　출차
作是念已에 即起方便하야 破彼微塵하고 出此

대경　　영제중생　　보득요익　　여어일
大經하야 令諸衆生으로 普得饒益하나니 如於一

진　　일체미진　응지실연
塵하야 一切微塵도 應知悉然인달하니라

불자　여래지혜　역부여시　　무량무애
佛子야 如來智慧도 亦復如是하야 無量無礙하야

이 큰 경권이 비록 분량이 대천세계와 같으나, 전체가 한 미진 속에 있으며, 한 미진과 같이 일체 미진도 다 또한 이와 같다.

이때 어떤 한 사람이 지혜가 밝게 통달하여 청정한 하늘눈을 구족하게 성취하여, 이 경권이 미진 속에 있어서 모든 중생들에게 조그만 이익도 없음을 보고는, 곧 이 생각을 하기를 '내가 마땅히 정진하는 힘으로 저 미진을 깨뜨리고 이 경권을 꺼내어서 일체 중생을 요익하게 하리라'라고 한다. 이 생각을 하고는 곧 방편을 일으켜 그 미진을 깨뜨리고 이 큰 경권을 꺼내어 모든 중생들로 하여금 널리 이익을

보능이익일체중생　　구족재어중생신중
普能利益一切衆生하사 具足在於衆生身中이언마는

단 제 범 우　　망 상 집 착　　부 지 불 각　　부 득
但諸凡愚가 妄想執著으로 不知不覺하야 不得

이 익
利益이니라

이 시 여 래　　이 무 장 애 청 정 지 안　　보 관 법 계
爾時如來가 以無障礙淸淨智眼으로 普觀法界

일 체 중 생　　이 작 시 언　　기 재 기 재　　차 제
一切衆生하고 而作是言하사대 奇哉奇哉라 此諸

중 생　　운 하 구 유 여 래 지 혜　　우 치 미 혹
衆生이 云何具有如來智慧언마는 愚癡迷惑하야

부 지 불 견　　아 당 교 이 성 도　　영 기 영 리 망 상
不知不見고 我當敎以聖道하야 令其永離妄想

집 착　　자 어 신 중　　득 견 여 래 광 대 지 혜　　여
執著하고 自於身中에 得見如來廣大智慧가 與

얻게 하였으며, 한 티끌과 같이 일체 미진도 다 그러함을 마땅히 알아야 한다.

불자들이여, 여래의 지혜도 또한 이와 같아서 한량없고 걸림 없어서 일체 중생을 널리 능히 이익하게 하는 것을 중생들의 몸속에 갖추어 있지만, 다만 모든 어리석은 범부는 허망한 생각과 집착으로 알지 못하고 깨닫지 못하여 이익을 얻지 못한다.

이때 여래께서 장애가 없는 청정한 지혜의 눈으로 법계의 일체 중생을 널리 관하고 이 말씀을 하시기를 '기이하고 기이하다, 이 모든 중생들이 어찌하여 여래의 지혜를 구족하

불무이
佛無異케호리라하시니라

즉교피중생 수습성도 영리망상 이
即敎彼衆生하야 **修習聖道**하야 **令離妄想**하고 **離**

망상이 증득여래무량지혜 이익안락일
妄想已에 **證得如來無量智慧**하야 **利益安樂一**

체 중 생
切衆生이니라

불자 시위여래심제십상 제보살마하살
佛子야 **是爲如來心第十相**이니 **諸菩薩摩訶薩**이

응 여 시 지
應如是知니라

불자 보살마하살 응이여시등무량무
佛子야 **菩薩摩訶薩**이 **應以如是等無量無**

애불가사의광대상 지여래응정등각
礙不可思議廣大相으로 **知如來應正等覺**

고 있으면서도 어리석고 미혹하여 알지 못하고 보지 못하는가? 내가 마땅히 성인의 도로써 가르쳐 그들이 허망한 생각과 집착을 길이 여의게 하고 스스로 몸속에 여래의 광대한 지혜가 부처님과 더불어 다름이 없음을 보게 하리라'라고 하셨다.

곧 저 중생들을 가르쳐서 성인의 도를 닦아 익혀 허망한 생각을 여의게 하며, 허망한 생각을 여의고는 여래의 한량없는 지혜를 증득하여 일체 중생을 이익하고 안락하게 하신다.

불자들이여, 이것이 여래 마음의 열째 모양이니, 모든 보살마하살들은 마땅히 이와 같이

심
心이니라

이시　　보현보살마하살　　욕중명차의　　　이
爾時에 普賢菩薩摩訶薩이 欲重明此義하사 而

설송언
說頌言하시니라

욕지제불심　　　　　당관불지혜
欲知諸佛心인댄　　當觀佛智慧니

불지무의처　　　　　여공무소의
佛智無依處하야　　如空無所依로다

알아야 한다.

불자들이여 보살마하살이 마땅히 이와 같은 등 한량없고 걸림 없고 불가사의한 광대한 모양으로 여래 응정등각의 마음을 알아야 한다.”

그때에 보현 보살마하살이 이 뜻을 거듭 밝히려고 게송을 설하여 말씀하였다.

모든 부처님의 마음을 알고자 하면
마땅히 부처님의 지혜를 관하라.
부처님의 지혜가 의지하는 곳 없음이
허공이 의지하는 바 없음과 같도다.

중생종종락
衆生種種樂과

급제방편지
及諸方便智가

개의불지혜
皆依佛智慧호대

불지무의지
佛智無依止로다

성문여독각
聲聞與獨覺과

급제불해탈
及諸佛解脫이

개의어법계
皆依於法界호대

법계무증감
法界無增減이니

불지역여시
佛智亦如是하야

출생일체지
出生一切智호대

무증역무감
無增亦無減하며

무생역무진
無生亦無盡이로다

중생들의 갖가지 즐거움과
모든 방편과 지혜가
다 부처님의 지혜를 의지하지만
부처님의 지혜는 의지함이 없도다.

성문과 독각과
모든 부처님의 해탈이
다 법계를 의지하지만
법계는 늘어나고 줄어듦이 없도다.

부처님의 지혜도 이와 같아서
일체지를 내지만
늘어남도 없고 줄어듦도 없으며
남도 없고 다함도 없도다.

여수잠류지
如水潛流地에

구지무부득
求之無不得하나니

무념역무진
無念亦無盡하야

공력변시방
功力徧十方인달하야

불지역여시
佛智亦如是하야

보재중생심
普在眾生心하니

약유근수행
若有勤修行이면

질득지광명
疾得智光明이로다

여룡유사주
如龍有四珠하야

출생일체보
出生一切寶호대

치지심밀처
置之深密處라

범인막능견
凡人莫能見인달하야

마치 물이 땅 속으로 스며 흐름에

구하면 얻지 못함이 없으니

생각도 없고 또한 다함도 없어서

공덕의 힘이 시방에 두루하듯이

부처님의 지혜도 이와 같아서

중생들의 마음에 널리 있으니

만약 부지런히 수행하면

빨리 지혜의 광명을 얻으리라.

마치 용에게 네 개의 구슬이 있어서

일체 보배를 내지만

깊고 비밀한 곳에 두어서

보통 사람은 볼 수 없듯이

불사지역연
佛四智亦然하야

출생일체지
出生一切智호대

여인막능견
餘人莫能見이요

유제대보살
唯除大菩薩이로다

여해유사보
如海有四寶하야

능음일체수
能飮一切水일새

영해불류일
令海不流溢하며

역부무증감
亦復無增減인달하야

여래지역이
如來智亦爾하야

식랑제법애
息浪除法愛하며

광대무유변
廣大無有邊하야

능생불보살
能生佛菩薩이로다

부처님의 네 지혜도 또한 그러하여
일체지를 내지만
다른 사람들은 능히 보지 못하고
오직 큰 보살들은 제외하도다.

마치 바다에 네 개의 보배가 있어
일체 물을 능히 마셔서
바다가 흘러넘치지 않고
늘어나고 줄어듦이 없게 하듯이

여래의 지혜도 또한 그러하여
물결을 쉬고 법의 애착을 제거하며
광대하고 가없어서
부처님과 보살들을 능히 내도다.

하방지유정
下方至有頂히

욕색무색계
欲色無色界가

일체의허공
一切依虛空호대

허공불분별
虛空不分別이니

성문여독각
聲聞與獨覺과

보살중지혜
菩薩衆智慧가

개의어불지
皆依於佛智호대

불지무분별
佛智無分別이로다

설산유약왕
雪山有藥王하니

명위무진근
名爲無盡根이라

능생일체수
能生一切樹의

근경엽화실
根莖葉華實하나니

하방에서 유정천에 이르기까지
욕계와 색계와 무색계가
일체 허공을 의지하되
허공은 분별하지 않듯이

성문과 독각과
보살 대중들의 지혜가
다 부처님의 지혜를 의지하되
부처님의 지혜는 분별이 없도다.

설산에 약왕이 있으니
이름이 '다함없는 뿌리'라
능히 일체 나무의 뿌리와
줄기와 잎과 꽃과 열매를 내도다.

불지역여시
佛智亦如是하야

여래종중생
如來種中生이라

기득보리이
既得菩提已에

부생보살행
復生菩薩行이로다

여인파건초
如人把乾草하야

치지어겁소
置之於劫燒에

금강유통연
金剛猶洞然이어든

차무불소리
此無不燒理니

삼세겁여찰
三世劫與刹과

급기중중생
及其中衆生이여

피초용불소
彼草容不燒어니와

차불무부지
此佛無不知로다

부처님의 지혜도 이와 같아서

여래의 종자 속에서 나오니

보리를 이미 얻고는

다시 보살의 행을 내도다.

어떤 사람이 마른 풀을 잡아서

겁의 불에 넣으면

금강도 오히려 활활 타는데

이것이 타지 않을 리 없으니

삼세의 겁과 세계와

그 가운데 있는 중생들이여

저 풀은 타지 않는다 해도

부처님께서 알지 못함이 없으시도다.

유풍명산괴
有風名散壞라

능괴어대천
能壞於大千하나니

약무별풍지
若無別風止면

괴급무량계
壞及無量界니

대지풍역이
大智風亦爾하야

멸제보살혹
滅諸菩薩惑이어든

별유선교풍
別有善巧風하야

영주여래지
令住如來地로다

여유대경권
如有大經卷이

양등삼천계
量等三千界호대

재어일진내
在於一塵內하며

일체진실연
一切塵悉然이어든

바람이 있으니 이름이 '흩어 무너뜨림'이라

대천을 능히 깨뜨리니

만약 다른 바람이 막지 않으면

파괴가 한량없는 세계에 미치리라.

큰 지혜 바람도 또한 그러하여

모든 보살들의 의혹을 멸하는데

달리 훌륭하고 공교한 바람이 있어서

여래의 지위에 머무르게 하도다.

마치 큰 경권이 있어서

분량이 삼천계와 같지만

한 티끌 속에 있으며

일체 티끌도 모두 그러하도다.

유일총혜인
有一聰慧人이

정안실명견
淨眼悉明見하고

파진출경권
破塵出經卷하야

보요익중생
普饒益衆生인달하야

불지역여시
佛智亦如是하야

변재중생심
徧在衆生心호대

망상지소전
妄想之所纏으로

불각역부지
不覺亦不知일새

제불대자비
諸佛大慈悲로

영기제망상
令其除妄想하사

여시내출현
如是乃出現하사

요익제보살
饒益諸菩薩이로다

〈大方廣佛華嚴經 卷第五十一〉

한 총명하고 지혜로운 사람이 있어

청정한 눈으로 모두 밝게 보고

티끌을 깨뜨려 경권을 꺼내어

널리 중생들을 요익하게 하듯이

부처님의 지혜도 또한 이와 같아서

중생들의 마음에 두루 있지만

허망한 생각에 얽힌 바 되어

깨닫지 못하고 또한 알지 못하니

모든 부처님께서 크신 자비로

그들이 망상을 없애게 하시려고

이와 같이 이에 출현하시어

모든 보살들을 요익하게 하시도다.

〈대방광불화엄경 제51권〉

大方廣佛華嚴經

부록

•

대방광불화엄경 목차

•

간행사

대방광불화엄경
목차

간 행 사

    귀의삼보 하옵고,

    『대방광불화엄경』의 수지 독송과 유통을 발원하면서 수미정사 불전연구원에서 『독송본 한문·한글역 대방광불화엄경』과 『사경본 한글역 대방광불화엄경』을 편찬하여 간행하게 되었습니다.

    『화엄경』은 우리나라에 전래된 이래 일찍부터 사경되고 주석·강설되어 왔으며 근현대에 이르러서는 『화엄경』의 한글 번역과 연구도 부쩍 많이 이루어졌습니다. 그만큼 『화엄경』이 우리 불자님들의 신행과 해탈에 큰 의지처가 되었던 것임을 알 수 있습니다.

    『화엄경』을 독송하고 사경하는 공덕은 설법 공덕과 함께 크게 강조되어 왔습니다. 그리하여 수미정사 불전연구원에서도 『화엄경』(80권)을 독송하고 사경하는 데 도움이 되도록 한문 원문과 한글역을 함께 수록한 독송본과 한글역의 사경본 『화엄경』 간행불사를 발원하였습니다. 이 『화엄경』 간행불사에 뜻을 같이하여 적극 후원해주신 스님들과 재가 불자님들께 깊이 감사드립니다. 또한 『화엄경』을 수지 독송할 수 있도록 경책의 모습으로 장엄해 주신 편집위원들과 담앤북스 출판사 관계자들께도 고마움을 표합니다.

    끝으로 이 불사의 원만 회향으로 『화엄경』이 널리 유통되고, 온 법계에 부처님의 가피가 충만하시길 기원드립니다.

    나무 대방광불화엄경

불기 2564년 '부처님오신날'을 봉축하며

수미해주 합장

위태천신(동진보살)

수미해주 須彌海住

호거산 운문사에서 성관 스님을 은사로 출가, 석암 대화상을 계사로 사미니계 수계, 월하 전계사를 계사로 비구니계 수계, 계룡산 동학사 전문강원 졸업, 동국대학교 불교대학 및 동 대학원 졸업, 철학박사, 가산지관 대종사에게서 전강, 동국대학교 불교대학 교수, 동학승가대학 학장 및 화엄학림 학림장, 중앙승가대학교 법인이사 역임.
(현) 수미정사 주지, 동국대학교 명예교수.
저·역서로 『의상화엄사상사연구』, 『화엄의 세계』, 『정선 원효』, 『정선 화엄 1』, 『정선 지눌』, 『법계도기총수록』, 『해주스님의 법성게 강설』 등 다수.

독송본 한문·한글역
대방광불화엄경 제51권

| 초판 1쇄 발행_ 2024년 12월 24일

| 엮은이_ 수미해주
| 엮은곳_ 수미정사 불전연구원
| 편집위원_ 해주 수정 경진 선초 정천 석도 박보람 최원섭
| 편집보_ 무이 무진 지욱 혜명

| 펴낸이_ 오세룡
| 펴낸곳_ 담앤북스
　　　　서울특별시 종로구 새문안로3길 23 경희궁의 아침 4단지 805호
　　　　대표전화 02)765-1251　전자우편 dhamenbooks@naver.com
　　　　출판등록 제300-2011-115호
| ISBN_ 979-11-6201-902-3　04220